»Die ruhige, oft sogar langsame Entwicklung der Lokomotive ist in erster Linie darauf zurückzuführen, daß die Sammlung von Erfahrungen namentlich in der Beurteilung von Neuerungen in vielen Fällen sehr schwierig ist, weil die Beobachtungsverhältnisse bei der arbeitenden Lokomotive so außerordentlich wechseln. Bedenkt man dann noch, daß in den ersten Jahrzehnten des Eisenbahnwesens gute Beobachtungsinstrumente und durchgearbeitete Prüfungsverfahren noch vollständig fehlten, so erklärt es sich, daß es gewöhnlich längerer Zeit, oft mehrerer Jahre bedurfte, ehe durch Urteile verschiedener Fachmänner ein sicheres Gesamturteil über eine neue Bauart oder über eine verbesserte Einzelheit gewonnen werden konnte...

Für die wissenschaftliche Behandlung der Lokomotive fehlten in der Kindheit des Eisenbahnwesens noch alle Unterlagen. Die Eigenschaften des Dampfes, die Vorgänge bei der Verbrennung, die Größe der Zug- und Reibungswiderstände usw. waren noch wenig bekannt... Alle Kenntnisse mußten noch auf empirischen Wegen durch lange Erfahrungen mühsam gewonnen werden.

Um so mehr muß die Leistung jener Männer anerkannt und geachtet werden, die oft als reine Gefühlstechniker der ganzen Entwicklung der Lokomotive Richtung und Ziel gewiesen haben.«

(aus: Helmholtz/Staby, Die Entwicklung der Lokomotive. I. Band, München und Berlin 1930, S. IV)

Elfriede Rehbein

Oldtimer auf Schienen

Urania-Verlag Leipzig · Jena · Berlin

Autorin: Prof. Dr. sc. oec. Elfriede Rehbein
Hochschule für Verkehrswesen »Friedrich List«, Dresden

Illustrationen: Horst Schleef

Rehbein, Elfriede:
Oldtimer auf Schienen / Elfriede Rehbein. Ill.:
Horst Schleef. – 3. Aufl. – Leipzig ; Jena ;
Berlin : Urania-Verlag, 1987. – 128 S. : 45 Ill.
(farb.)
(Akzent; 48)
NE: GT ISBN 3-332-00131-0

ISBN 3-332-00131-0
ISSN 0232-7724

3. Auflage 1987
61.–80. Tausend.
Verlag für populärwissenschaftliche Literatur, Leipzig 1981
VLN 212-475/127/87 LSV 3819
Lektor: Ewald Oetzel
Umschlagreihenentwurf: Helmut Selle
Typografie: Claus Ritter
Printed in the German Democratic Republic
Gesamtherstellung:
INTERDRUCK Graphischer Großbetrieb Leipzig,
Betrieb der ausgezeichneten Qualitätsarbeit, III/18/97
Best.-Nr. 653 639 6
00450

Inhalt

Preußische 2 B1-Schnellzuglokomotive, Gattung S 9 (1907)

Erste Schritte der »eisernen Pferde«

Gütertransport und Personenbeförderung erlebten während der jahrtausendelangen Entwicklung der menschlichen Gesellschaft beachtliche Veränderungen. Sie konnten in den einzelnen Perioden im wesentlichen den Anforderungen gerecht werden, die die Gesellschaft, besonders aber die Wirtschaft, an sie stellte. Ihre Leistungsgrenzen wurden jedoch schlagartig sichtbar, als die beginnende kapitalistische Fabrikarbeit und die sich zwangsläufig erweiternden Marktbeziehungen höhere Ansprüche an Geschwindigkeit, Sicherheit, Pünktlichkeit und Billigkeit des Verkehrs stellten. Die bisher genutzten natürlichen Energiequellen in Gestalt des Windes, des Wassers und der tierischen bzw. menschlichen Muskelkraft reichten dafür nicht mehr aus. Die traditionellen Verkehrsmittel wurden zu ernsthaften Hemmnissen für die Ausbreitung der kapitalistischen Produktion. Ein effektiverer Energiespender war notwendig geworden.

Die Dampfkraft war seit langem bekannt. Schon Archimedes soll um 212 v. u. Z. mit einer Art »Dampfkanone« Kugeln geschleudert haben, und auch einfache mechanische Vorrichtungen wurden in der Folgezeit mit Hilfe der Dampfkraft bewegt. Doch für ihre praktische Nutzung fehlte in früheren Gesellschaftsordnungen jegliche Notwendigkeit; die materiellen Voraussetzungen dafür waren auch nicht gegeben. Erstmalig im Jahre 1690 gelang es dem längere Zeit in Deutschland lebenden französischen Gelehrten Denis Papin, das Prinzip einer Dampfmaschine zu demonstrieren. Seine »Maschine« bestand aus einem mit etwas Wasser gefüllten Zylinder, in den der gut schließende Kolben bis zum Wasserstand hinuntergedrückt wurde. Die

Luft konnte durch eine Öffnung entweichen, die mit einer Stange verschlossen wurde, sobald der Kolben das Wasser berührt hatte. Danach wurde der Zylinder über dem Feuer erhitzt, wobei der entstehende Dampf den Kolben nach oben drückte. In seiner höchsten Stellung hielt eine Klinke den Kolben fest. War der Zylinder vom Feuer genommen worden, kondensierte der Dampf, und nach dem Lösen der Klinke wurde der Kolben vom äußeren Luftdruck wieder in den Zylinder gedrückt. Nach Papins Berechnungen konnten auf diese Weise 27 kg in einer Minute gehoben werden.

Papin wollte seine Erfindung wirtschaftlich nutzen, um Wasserpumpen in Bergwerken zu betreiben, Gestein aus Bergwerken zu heben, eiserne Kugeln zu schleudern und »gegen den Wind zu rudern«. Im letztgenannten Falle wollte er statt Ruder Schaufelräder einsetzen. Seine zweifellos genialen Ideen scheiterten an der Unmöglichkeit, genügend große und exakt gebaute Dampfzylinder und Kolben herzustellen, vor allem aber an der geringen Effektivität und der umständlichen Handhabung seiner Maschine. Daran änderte auch eine 1706 vorgestellte verbesserte Konstruktion nichts Wesentliches, zumal der Landgraf von Hessen, der die Versuche ausschließlich zu ganz speziellen Zwecken angeregt hatte, in seinem wirtschaftlich rückständigen Land für ein Weiterführen derart fundamentaler Erkenntnisse keinen Bedarf hatte.

Weit günstiger verlief dagegen die Entwicklung in England, das sich zu diesem Zeitpunkt bereits auf dem kapitalistischen Wege befand. Besonders interessiert war man dort an einer Steigerung der Kohlenproduktion, da Kohlen im Austausch gegen landwirtschaftliche Erzeugnisse ausgeführt wurden. Nun besaß England zwar reiche Kohlenvorkommen, ihren weiteren Abbau, ein Vortreiben der Schächte und Stollen in größere Tiefen, verhinderten jedoch große Wassermassen. Die bisher üblichen Methoden der Wasserhaltung versagten. Es war klar, daß eine wirksame Hilfe nur durch Maschinen kommen konnte, die mit einer leistungsfähigen künstlichen Energie betrieben wurden.

Trotzdem vergingen aber auch in England einige Jahrzehnte, bis eine Dampfmaschine zur Verfügung stand, die den gestellten Ansprüchen gerecht wurde. Der Weg führte von Savery, der 1698 ein Patent erhalten hatte, über Newcomen und andere zu James Watt, der sich seit 1759 mit der Dampfmaschine beschäftigte, aber erst rund zehn Jahre später zu praktischen Versuchen und einer konzentrierten Weiterentwicklung seiner Erfindungen überging.

Die ersten Dampfmaschinen waren auf Grund ihres geringen Kesseldrucks ausnahmslos sehr groß dimensioniert, weil man nur durch riesige Zylinder und Kolben die erforderliche höhere Arbeitsleistung aufzubringen vermochte. Eine der damals »stärksten« Maschinen baute John Smeaton 1775 für die Chacewater-Grube in Cornwall. Conrad Matschoss beschreibt sie in seiner »Geschichte der Dampfmaschine« (S. 50) sehr eindrucksvoll: »Der Zylinder hatte einen Durchmesser von 1,82 m. Der Hub betrug 3 m. Der Balancier, aus 20 tannenen Balken zusammengesetzt, war 8,3 m lang und in der Mitte 1,8 m hoch. Die Zapfen, um die er sich bewegte, maßen 210 mm im Durchmesser. Sie waren in ausgebohrten großen Bronzeblöcken, die ihrerseits wieder in mächtigen Granitblöcken Halt und Stütze fanden, gelagert. Diese ganze Lagerkonstruktion ruhte auf gemauerten Pfeilern, von denen jeder unten am Fuß 3 m im Quadrat maß. Die ganze Höhe von Sohle Kessel bis zum oberen Wassergefäß betrug etwa 30 m. Der Zylinder wog 6600 kg.« Die riesige Maschine brachte eine Leistung von 59 kW (bis zum Inkraftsetzen der SI-Einheiten 80 PS), aber allein schon ihre Größe und Masse geboten eine ausschließlich ortsfeste Verwendung. Außerdem war sie - wie alle diese Maschinen – auf eine Auf-und-ab-Bewegung festgelegt. Die Umwandlung in eine Drehbewegung war nur mittels eines dazwischengeschalteten Wasserrades möglich.

Die entscheidenden Veränderungen, die die Dampfmaschine über ihre jahrzehntelange Aufgabe, Wasserpumpen zu betreiben, hinausführten und zur wirklichen Antriebskraft für die kapitalistische Fabrik, zugleich aber auch zum Ausgangspunkt eines modernen Transportwesens machten, führte James Watt aus. Er verwendete unter anderem die Arbeitsleistung des Dampfes in seiner »doppeltwirkenden« Dampfmaschine nicht allein zum

Heben, sondern auch zum Senken des Kolbens, er nutzte die Expansion des Dampfes zur Arbeitsleistung und leitete aus der hin- und hergehenden Bewegung die Drehbewegung ab.

Neben der Konstruktion leistungsfähigerer und kleinerer Dampfmaschinen beschäftigte sich James Watt auch eingehend mit einer Verbesserung ihrer Betriebsbedingungen. Er verfaßte unter anderem Beschreibungen seiner Maschinen sowie Instruktionen für das Bedienungspersonal, entwickelte einen Druckmesser für den Dampfzylinder, bemühte sich um die exakte Fertigung der Maschinen und erklärte deren wichtigste Arbeitsgänge mit Hilfe verallgemeinerungsfähiger mathematischer Formeln. Die Nutzung der Dampfkraft wurde damit von der Stufe der handwerklichen Erfahrung, der talentierten Bastelei auf der Basis des damals bekannten Wissens, in den Bereich wissenschaftlich erklärbarer und zu beherrschender Prozesse gehoben. Der Weg für die Präzisionsdampfmaschine des 19. Jahrhunderts war frei.

Der Vorsprung Englands im Maschinenbau wurde durch die sich dort vollziehende industrielle Revolution nachhaltig gefördert. Er wirkte sich auch auf die führende Stellung der englischen kapitalistischen Wirtschaft bis gegen das Ende des 19. Jahrhunderts aus. Für den späteren Lokomotivbau wurde er zur unentbehrlichen Grundlage.

In einem seiner Patente hatte sich Watt die Verwendung seiner Dampfmaschine für den Antrieb von Straßenfuhrwerken bestätigen lassen. Allerdings machte er nie praktischen Gebrauch davon. Nur einer seiner fähigsten Ingenieure, Murdock, führte 1784 das Modell eines dampfgetriebenen Wagens vor, mit dem er Geschwindigkeiten von 9 bis 13 km/h erreichte. Eine praktische Bedeutung erlangte dieses Fahrzeug nicht. Murdock setzte die Versuche nicht fort, dem mit ihm bekannten Richard Trevithick gab er aber viele Anregungen für dessen eigene Arbeiten auf diesem Gebiet.

Trevithicks erster Versuch, die Dampfkraft zur Fortbewegung eines Fahrzeuges anzuwenden, erfolgte – wie bei Murdock und anderen Zeitgenossen – gleichfalls in Verbindung mit einem Wagen. Der Gedanke, den geringeren Rollwiderstand des Schienenweges für Dampffahr-

Murdocks Lokomotive

zeuge zu nutzen, lag allen diesen Erfindern anfangs noch fern. In Unkenntnis physikalischer Gesetze zweifelten sie die Größe der Haftreibung zwischen Rad und Schiene an. Sie befürchteten, daß die glatten Fahrzeugräder auf den eisernen Schienen rutschen und eine Beförderung größerer Lasten unmöglich machen würden. Besondere Bedenken hatte man schon bei leichten Steigungen und Gefällen.

Die erfolgreichen Fahrten mit seinem Dampfwagen ermutigten Trevithick, einen Auftrag der bisher ausschließlich mit Pferden betriebenen Merthyr-Tydvil-Bahn in Wales anzunehmen, eine Lokomotive zu bauen, mit deren Hilfe der Roheisentransport auf dieser Bahn verbessert werden sollte. Seine 1804 abgelieferte Lokomotive »Invicta« unterschied sich sehr deutlich von den bis dahin bekannten Straßendampfwagen. An dem vorderen Ende des Kessels, in dem ein Dampfdruck von etwa 0,3 MPa (Megapascal; bisher 3 kp/cm^2) erzeugt wurde, befand sich ein waagerechter Zylinder. Der Kolben wirkte über einen Kreuzkopf auf eine Schwungradwelle, die über zwei Zahnräder mit den Treibrädern verbunden war. Charakteristisch für das äußere Bild der »Invicta« waren die weit über die Maschine hinausragenden Gleitbahnen des Kreuzkopfes und der Schornstein, in den Trevithick den Abdampf leitete. Durch dessen Sog wurde das Feuer angefacht; besondere Blasebälge waren dadurch überflüssig geworden. Trevithick war damit der erste, der das sogenannte Lokomotivblasrohr anwandte, eine bis heute für die Dampflokomotive wichtige Erfindung.

Trevithick erkannte außerdem die Notwendigkeit einer vergrößerten Heizfläche. Er verlegte deshalb das die Heizgase aufnehmende Flammrohr des Kessels U-förmig und steigerte auf diese Weise die Dampferzeugung. Seine »Invicta« erreichte bei vierzig Kolbenhüben in der Minute eine Geschwindigkeit von 6 bis 8 km/h mit einer Zuglast von nahezu 10 t.

In der Folgezeit baute Trevithick zwei weitere Lokomotiven, von denen er die zweite mit dem anspruchsvollen Namen »catch me who can« (»Fange mich, wer kann«) gegen ein Entgelt in London öffentlich vorführte. Einen wirklichen Durchbruch für die Dampflokomotive konnte er jedoch nicht erreichen, vor allem wohl deshalb nicht,

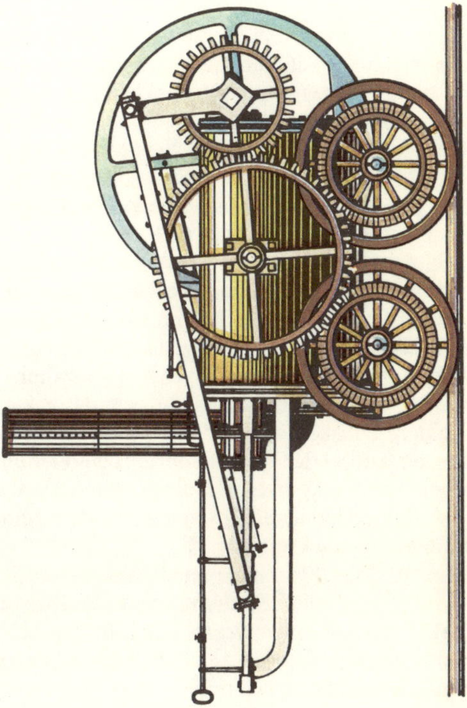

Trevithicks »Invicta«

weil die Schienenwege noch sehr viele Mängel aufwiesen. Die damals verwendeten gußeisernen Winkelschienen brachen sehr oft unter dem Gewicht der Lokomotiven, so daß man die Beförderung schwerer Lasten mit ihrer Hilfe für unmöglich hielt. Abhilfe wurde auf diesem Gebiet erst nach 1820 geschaffen, als auf der Basis allgemeiner Fortschritte in der eisenverarbeitenden Industrie gewalzte Schienen von höherer Festigkeit verlegt werden konnten.

Obgleich Trevithicks Versuche die Haftreibung zwischen Rad und Schiene bewiesen hatten, entwickelten seine unmittelbaren Nachfolger wiederum Lokomotiven, die durch spezielle Vorrichtungen auf den Schienen gehalten wurden. Beispielsweise wurde Blenkinsop 1811 ein Patent auf eine durch ein Zahnrad angetriebene Maschine erteilt, das in eine Zahnstange neben dem Gleis eingriff. Gebaut wurde diese Lokomotive durch Murray von der Maschinenfabrik Fenton, Murray und Wood in Leeds für die Middleton-Kohlenbahn. Die Lokomotive arbeitete – wie schon die von Trevithick – mit Hochdruckdampf. Über zwei senkrecht im Kessel eingebaute Zylinder wurde das zwischen zwei Laufachsen liegende Treibzahnrad bewegt. Murray fand dabei eine sehr interessante Lösung, die auch im späteren Lokomotivbau beibehalten wurde. Er versetzte die Kurbel der beiden Antriebszylinder um 90 Grad gegeneinander und erreichte damit den Effekt, daß auch beim Anfahren immer ein Kolben in der Mitte seines Hubes stand und arbeitsbereit war.

Murrays Maschine hatte eine Masse von 5 t und beförderte 15 t auf einer Steigung von 1 : 15. Ihre offensichtliche Bewährung in der Praxis zeigt die Tatsache, daß sie zwanzig Jahre in Betrieb gewesen sein soll und immerhin sechs (nach anderen Meinungen acht) Exemplare dieses Typs gebaut wurden.

Zweifel an einer ausreichenden Haftreibung veranlaßten die Brüder Chapman, einen Kettenantrieb zu verwenden (1812). Sie brachten auf ihrer Lokomotive eine mit Dampfkraft gedrehte Trommel an, die eine über die gesamte Länge des Schienenweges gespannte Kette aufnahm und sich daran vorwärtszog. Auf der Hetton-Eisenbahn bei Newcastle wurde eine derartige Maschine eingesetzt. Der

Blenkinsops Zahnradlokomotive

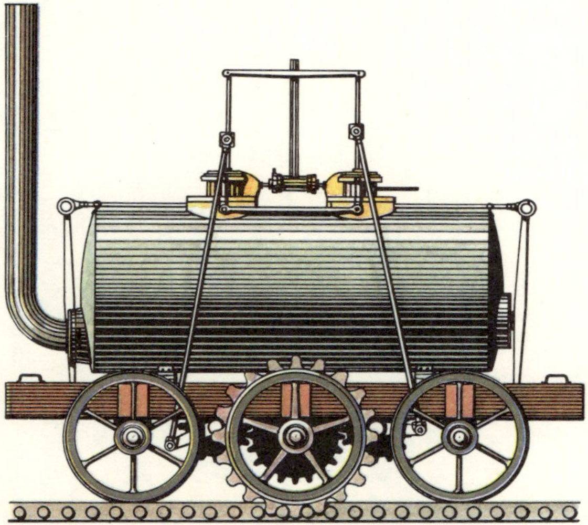

Kettenantrieb wurde später in größerem Umfange bei der Binnenschiffahrt genutzt. Im Eisenbahnbetrieb bewährte er sich nicht.

Noch abwegiger erscheint uns heute die Lokomotive Bruntons aus dem Jahre 1813. Sie sollte durch zwei Gelenkbeine am hinteren Ende angetrieben werden, die mit Hilfe der Dampfkraft »abwechselnd wie Pferdebeine geknickt und gestreckt wurden«. Ein praktischer Nutzen blieb ihr verständlicherweise versagt.

Mittlerweile hatten zwei weitere Engländer, Blackett und Hedley, mit Hilfe eines von Hand bewegten Wagens, der durch Kurbelachsen angetrieben wurde, gründliche Untersuchungen über die Haftreibung angestellt. Sie bestätigten die Richtigkeit der Annahme, daß glatte Räder auf glatten Schienen allen Ansprüchen gerecht werden können. Blackett gelang trotz verschiedener Versuche der Bau einer Lokomotive nicht, Hedley dagegen, der als Ingenieur in der Wylam-Kohlengrube bei Newcastle beschäftigt war, baute für die dieser Grube gehörige Kohlenbahn auf der Grundlage eines ihm 1813 erteilten Patents in der Folgezeit vier Lokomotiven, von denen eine im Originalzustand im Londoner South Kensington Museum erhalten ist. Diese Lokomotiven hatten erstmals schmiedeeiserne Kessel und – wie bei Trevithick – ein umkehrendes Flammrohr. Der ausströmende Dampf wurde in den Schornstein geleitet. Die Kraft wurde durch Schubstangen und Kurbeln auf eine Blindachse unter dem Kessel übertragen, die über ein Zahnradgetriebe die beiden Treibachsen bewegte. Die Kurbeln waren gleichfalls um 90 Grad gegeneinander versetzt; deshalb konnte auch Hedley auf das früher übliche Schwungrad verzichten.

Hedley hatte damit den Durchbruch zur praktisch nutzbaren Lokomotive erzielt. Er wandte bei seinen Arbeiten bereits wichtige Grundlagen des späteren Lokomotivbaus an, wenngleich seine Maschinen verständlicherweise nicht wenige technische Kinderkrankheiten aufwiesen.

Eines ist bei allen diesen frühen Versuchen bemerkenswert: Die Lokomotiven wurden ausschließlich für den Gütertransport, zur Ergänzung oder Verbesserung des Pferdebahnbetriebes gebaut, weil ihre geringen Geschwindigkeiten sie für den Personenverkehr wenig attraktiv machten. Es waren damit vor allem Bedürfnisse der aufblühenden kapitalistischen Wirtschaft, in erster Linie der Grundstoffindustrie, die den technischen Fortschritt im Verkehrswesen stimulierten. Allerdings war dieser Bedarf noch nicht deutlich ausgeprägt, er trat vielmehr sporadisch aus verschiedensten Gründen auf; denn im allgemeinen hatte die englische Industrie eine verkehrsgünstige Lage durch relativ kurze Entfernungen zum Meer oder zu den im 18. Jahrhundert in großem Umfange entstandenen Kanälen. Erst gegen das Ende der industriellen Revolution – das in England auf das Jahr 1830 gelegt werden kann – zeigten sich spürbare Lücken im Verkehrsmarkt. Binnen- und Seeschiffahrt konnten den steigenden Ansprüchen besonders des nationalen Marktes im Inneren des Landes nicht mehr gerecht werden. Vor allem aber mußte ein leistungsfähiges Massenverkehrsmittel entstehen, das auch den steigenden Bedarf der verarbeitenden Industrie an Transportleistungen abdecken konnte und öffentlich zugänglich war. Sehr treffend bezeichnete deshalb Karl Marx einmal die englischen Dampfeisenbahnen als »die Krönung des Werkes der industriellen Revolution«. Nur sie waren imstande, einen schnellen, billigen, sicheren und pünktlichen Transport der von der Industrie in großem Umfange benötigten Rohstoffe und Halbfertigfabrikate, aber auch die Verteilung der fertigen Erzeugnisse durchzuführen. Die Dampfeisenbahnen sicherten für die kapitalistische Wirtschaft die günstigsten allgemeinen Produktionsbedingungen, und sie erleichterten ihr das Erwirtschaften riesiger Profite. Kein Wunder also, daß die Dampflokomotive, nachdem sie aus dem Stadium des Experiments herausgetreten war, einen regelrechten Siegeszug antreten mußte.

Die ersten Schritte auf diesem Wege wurden Ende der zwanziger Jahre getan. Sie sind untrennbar mit dem Namen eines Mannes verbunden, den die Eisenbahngeschichte als »Vater des Eisenbahnwesens« feierte: George Stephenson.

Stephenson (1781–1848), der als Sohn eines armen Kohlenarbeiters in Wylam geboren wurde, bekam durch seine unmittelbare Umwelt frühzeitig einen Eindruck von den Transportproblemen auf den Kohlenbahnen. Sein ungewöhnlicher Intellekt und sein mit viel Fleiß autodidaktisch erworbenes Wissen versetzten ihn – in Verbindung mit seinen praktischen Erfahrungen als Maschinenmeister eines Bergwerkes – in die Lage, 1814 seine erste Lokomotive »Blücher« für das Kohlenbergwerk Killingworth bei Newcastle zu bauen. Die Ergebnisse waren allerdings noch recht bescheiden. Denn auch Stephenson kämpfte wie seine Vorgänger anfangs vergeblich mit dem Problem, die auf die Dimensionen eines Fahrzeuges verkleinerten Dampfmaschinen auch nur annähernd auf so viel Leistung zu bringen, wie das bei den ortsfesten Maschinen um diese Zeit längst erreicht war. Die relativ kleinen Kessel der Lokomotiven (bei Stephensons »Blücher« hatte der Kessel mit nur einem einfachen geraden Flammrohr eine Länge von 2,4 m) brachten mit ihren geringen Heizflächen eine ungenügende Dampfentwicklung, die nicht ausreichte, größere Lasten über längere Entfernungen mit einer Geschwindigkeit zu befördern, die über den bisher von Pferden bewegten Zügen lag. Stephensons »Blücher« leistete etwa 5 kW (6–7 PS) und konnte eine Last von rund 30 t mit etwa 6 km/h ziehen. Eine Vergrößerung der Dampfkessel aber verbot sich einmal wegen des damit verbundenen höheren Gewichts, dem die Schienen nicht standhielten, zum anderen aber auch wegen der damals in England allgemein üblichen Spurweite der Winkelschienen. Sie war an dem Radabstand der Straßenfuhrwerke orientiert, die man in einigen Fällen gegen ein entsprechendes Entgelt auf den Schienenwegen verkehren ließ. Diese Praxis verlangte eine erste »Normung« des Radabstandes aller Fahrzeuge, die auf Schienen verkehren sollten. Man richtete sich dabei anfangs nach den englischen Postkutschen, deren Radabstand 4 Fuß 6 Zoll = 1 372 mm betrug. Der Übergang von der Winkelschiene zu einer T-Schienenform bedingte etwas später die schon aus dem Bergbau bekannten Spurkränze für die Schienenfahrzeuge, wobei das bisher übliche Lichtmaß des Radabstandes beibehalten wurde. Der Spurkranz erforderte allerdings zusätzlich für jedes Rad 1 Zoll, dazu rechnete man ein Viertelzoll Spielraum, so daß sich als neue Spurweite der Eisenbahnen 4 Fuß $8^1/_2$ Zoll = 1 435 mm ergaben. Dieses Maß (die heutige Regelspur vieler Eisenbahnen der

Stephensons »Locomotion« mit dem deutlich erkennbaren Kettenantrieb

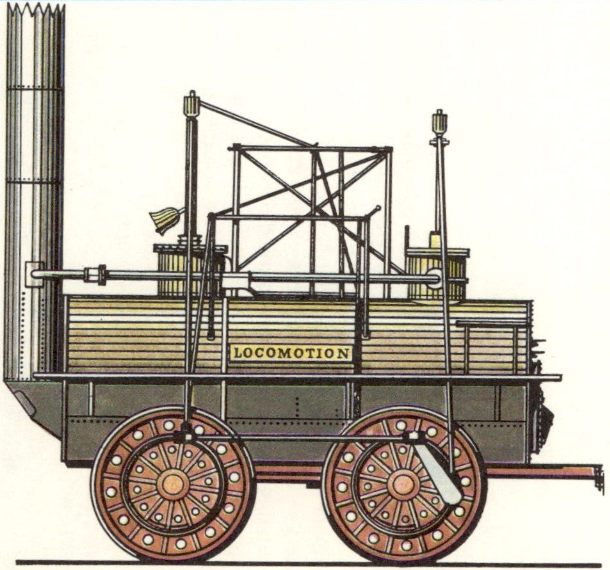

Erde) bildete auch die Richtschnur für die Größe der Dampfkessel. Es war in der Folgezeit unter anderem dafür ausschlaggebend, daß die meisten englischen Lokomotivbauer die Zylinder zwischen die Räder legten, um nicht zusätzlich Raum zu verlieren; in England und in anderen Staaten führte das in den ersten Jahren des Eisenbahnbaus zu einer größeren Spurweite. Als die Leistungen der Lokomotiven in der Folgezeit sprunghaft stiegen, wurden diese Gründe allerdings gegenstandslos.

Stephenson hatte bei seinen ersten Lokomotiven jedoch nicht allein Schwierigkeiten mit einer zu niedrigen Dampfleistung, er experimentierte gleichfalls mit der günstigsten Form der Kraftübertragung. Bei seiner ersten Lokomotive löste er sie in Anlehnung an Murray und Blenkinsop durch einen Zahnradantrieb, der sich als wenig glücklich erwies.

Ein Jahr später baute Stephenson deshalb eine Lokomotive, an der die beiden Treibräder jeder Maschinenseite rechtwinklig zueinanderstehende Kurbeln hatten, die mit Ketten verbunden waren. Er erhielt das Patent für diese Bauausführung, bei der gleichzeitig die Verwendung einer Kuppelstange zur Verbindung der Treibräder vorgesehen war. Eine dritte Bauart vom Jahre 1816 brachte als Neuerung eine Lokomotivfederung durch kleine Dampfzylinder, die sich jedoch infolge von Mängeln in der Abdichtung und wegen der Abhängigkeit vom Kesseldruck nicht durchsetzen konnte und später allgemein durch Stahltragfedern ersetzt wurde.

Trotz der anfänglich bescheidenen Erfolge ließ sich Stephenson nicht entmutigen. Bis 1825, dem denkwürdigen Jahr der Eröffnung der Stockton-Darlington-Bahn, der ersten öffentlichen Dampfeisenbahnlinie der Welt, hatte er bereits sechzehn Lokomotiven für Grubenbahnen gebaut, die jedoch ohne Ausnahme noch keinen entscheidenden Fortschritt gegenüber ihren Vorgängern zeigten und auch in ihren Leistungen nicht angehoben werden konnten. Nachdem Stephenson 1823 eine Tätigkeit als Ingenieur der Stockton-Darlington-Bahn übernommen hatte, die ursprünglich eine Pferdebahn sein sollte, gelang es ihm, die Direktion zu veranlassen, zunächst drei Lokomotiven für diese Bahn bei ihm zu bestellen. Mit dieser Zusicherung gründete er 1824 eine Lokomotivfabrik in Newcastle. Die

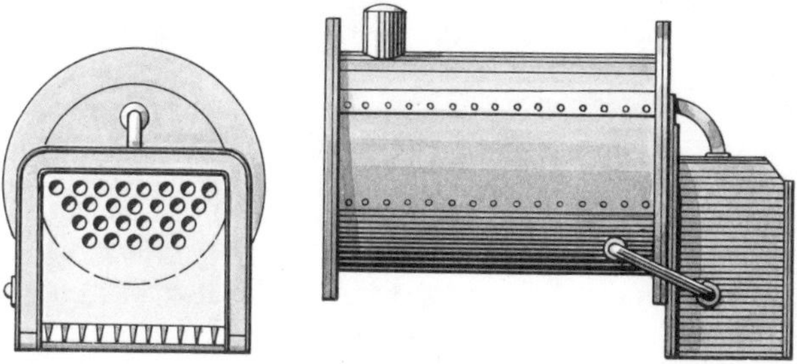

Röhrenkessel der Lokomotive »Rocket«

dort für die Stockton-Darlingtoner Eisenbahn gebauten Lokomotiven boten wenig Neuerungen. Sie waren mit Kuppelstangen ausgerüstet, entwickelten aber wegen ihrer nach wie vor geringen Heizfläche in einem geraden Flammrohr von 610 mm Durchmesser nur geringe Leistung.

Die noch vorhandenen Mängel der Stephenson-Lokomotiven führten dazu, daß sich auf der Stockton–Darlington-Bahn der von Pferden gezogene Wagenzug noch immer und im Personenverkehr ausschließlich behaupten konnte. Neben Stephenson versuchte deshalb auch der Betriebsleiter dieser Bahn, Hackworth, der früher Mitarbeiter bei Hedley und Ingenieur in Stephensons Lokomotivfabrik gewesen war, einige Verbesserungen durchzusetzen. 1827 baute er eine von Wilson für die Stockton-Darlington-Bahn gelieferte Lokomotive um. Dabei ordnete er erstmalig die zwei Dampfzylinder an beiden Seiten des Kessels stehend an und ließ ihre Kraft auf *eine* Achse wirken, wobei er die Treibkurbeln um 90 Grad gegeneinander versetzte. Die Verbindung mit den vorderen Rädern übernahmen Kuppelstangen. Hackworth veränderte außerdem das schon von Trevithick eingeführte Blasrohr, indem er den ausströmenden Dampf durch eine in gleicher Achse mit dem Schornstein liegende kegelförmige Düse leitete und damit den Saugzug für die Feuerung und zugleich die Dampfentwicklung vergrößerte. Trotzdem brachte auch Hackworth' Maschine »Royal George« noch keine größere Leistung als von – umgerechnet – etwa 10 kW (13,5 PS). Sie wies also gleichfalls nur bescheidene Zugleistungen und Geschwindigkeiten auf.

Unter diesen Voraussetzungen war es nicht verwunderlich, daß sich die Lokomotiven, die »eisernen Pferde« (»iron horses«), wie man sie in England nannte, in jenen Jahren noch nicht endgültig durchzusetzen vermochten und ernsthafte Zweifel an ihrer Leistungsfähigkeit überhaupt geäußert wurden. Beispielsweise schrieb Galloway in der 2. Auflage seiner »History of the Steam Engine« (»Geschichte der Dampfmaschine«), die 1828 in London erschien: »Die Lokomotiven sind lange in den Killingworth-Kohlenwerken bei Newcastle und in denen von Hetton (Wear) benutzt worden, so daß Vor- und Nachteile sorgfältig haben studiert werden können; trotzdem und trotz der großen Anstrengungen des Erfinders Stephenson, sie bei den bestehenden, im Bau begriffenen Eisenbahnen einzuführen, entsprechen sie nach Ansicht der angesehensten Ingenieure nicht den vom Erfinder in Aussicht gestellten Vorteilen.«

Beim Bau der zweiten öffentlichen Eisenbahnlinie, die die beiden wichtigen Industriestädte Manchester und Liverpool verbinden sollte, erwog man deshalb zunächst nicht einmal den gemischten Lokomotiv- und Pferdebetrieb, wie er auf der Stockton-Darlington-Eisenbahn praktiziert wurde, sondern entschied sich für insgesamt 21 ortsfeste Dampfmaschinen, die mit Hilfe eines Seilzuges auf unterteilten Streckenabschnitten die Züge über die insgesamt 48 km lange Bahn bewegen sollten.

Erst den intensiven Bemühungen Stephensons, der als Ingenieur den Bau dieser Bahn leitete, gelang es, eine andere Entscheidung herbeizuführen und die Ausschreibung eines Lokomotivwettbewerbs durch die Direktion der Liverpool-Manchester-Bahn zu veranlassen, der die endgültige Entscheidung über die Art der Zugkräfte auf dieser Bahn bringen sollte.

Stephenson kamen dabei in Frankreich erzielte Fortschritte zugute, die eine deutliche Leistungsverbesserung der Lokomotiven in Aussicht stellten. Sie wurden durch den Direktor der Eisenbahn Lyon–St. Etienne, Séguin, bewirkt, dem im Februar 1828 für stationäre Kessel enge Heizrohre patentiert worden waren, die er nunmehr auch in die Lokomotiven einbaute, wobei er zusätzlich einen Ventilator verwendete, um die Saugluftwirkung und

Lokomotive »Rocket« von Stephenson (1829)

zugleich die Dampfentwicklung zu verstärken. Séguin war auf die Notwendigkeit dieser Veränderung gestoßen, nachdem er sich eingehend mit zwei Lokomotiven beschäftigt hatte, die von Stephenson geliefert worden waren.

Unabhängig von Séguin gelangte auch der Engländer Booth, der als Sekretär der Liverpool–Manchester-Bahn arbeitete, zu den gleichen Erkenntnissen. Er ging sogar noch einen Schritt weiter und veranlaßte Stephenson, in seine Wettbewerbslokomotive nicht nur einen Röhrenkessel mit 25 je 76 mm weiten kupfernen Feuerrohren (das entsprach einer Heizfläche von 12,8 m^2), sondern auch eine von Wasser umgebene Feuerbüchse einzubauen. Als Stephenson außerdem die Auspuffrohre, die den Dampf ursprünglich frei entweichen ließen, als Blasrohr in den Schornstein leitete, enthielt diese weiterentwickelte Lokomotive, die »Rocket«, alle wichtigen Grundelemente des späteren Lokomotivbaus.

Für den Lokomotivwettbewerb waren folgende Bedingungen gestellt: Die Lokomotiven sollten »ihren eigenen Rauch verbrennen«, einen Dampfdruck von 0,35 MPa (3,5 kp/cm^2) entwickeln, bis Schornsteinoberkante nicht mehr als 4,5 m hoch sein und auf Federn ruhen. Der Kessel mußte, um Explosionen zu vermeiden, zwei Sicherheitsventile aufweisen, davon eines außerhalb des Lokomotivführerbereichs. Als Gesamtmasse waren für dreiachsige Lokomotiven 6 t, für zweiachsige 4,5 t vorgeschrieben. Als Zuglast sollte das jeweils dreifache Eigengewicht auf einer ebenen Strecke mit 16 km/h befördert werden.

Vom 6. bis 8. Oktober 1829 fanden die Probefahrten in der Ebene von Rainhill statt. Eine Strecke von rund 2,4 km mußte in jeder Richtung zwanzigmal befahren werden, so daß ein Gesamtweg von 48 km zustande kam. Von den fünf am Start erschienenen Lokomotiven führten nur drei die Fahrt durch; eine mußte wegen eines Schadens ausscheiden, eine andere wurde nicht mit Dampf angetrieben und deshalb zur Fahrt nicht zugelassen. Übrig blieben die »Sanspareil« von Hackworth, die in der schon erwähnten Art gebaut war, allerdings wegen eines Gußfehlers in einem der Zylinder viel Dampfverlust hatte und deshalb den Bedingungen nicht entsprechen konnte, die »Novelty« von Braithewaite & Erikson, eine tenderlose Lokomotive, die

Lokomotive »Novelty«

den als Brennstoff benötigten Koks in Körben und das Wasser in einem Kasten am Lokomotivrahmen mitführte, mit einer sehr kleinen Rostfläche und einem geringen Rohrquerschnitt. Sie erreichte als Spitzengeschwindigkeit zwar 45 km/h, schied aber wegen Mängeln am Gebläse aus. Die dritte war die »Rocket« von Stephenson. Sie erfüllte alle gestellten Bedingungen, auch hinsichtlich der Masse: Sie wog mit wassergefülltem Kessel 4,5 t, der Tender einschließlich des Wasserfasses (die »Rocket« verbrauchte in der Stunde immerhin 838 kg Wasser) rund 3 t. Da sie außerdem als einzige Lokomotive den vorgeschriebenen Weg von 48 km zurücklegte, konnte sie den ausgesetzten Preis in Höhe von 500 £ erringen. Am zweiten Versuchstag beförderte sie einen Wagen mit dreißig Reisenden mit einer Geschwindigkeit von über 40 km/h. Zwei beladene Wagen mit einer Masse von über 9 t schaffte sie mit 38 km/h.

Die Leistungen der »Rocket« überzeugten alle bisherigen Gegner des Lokomotivbetriebes auf den Eisenbahnen. Für die Liverpool-Manchester-Eisenbahn wurden sofort acht weitere Maschinen nach dem Vorbild der »Rocket« bestellt, die während des Baus in Einzelheiten verändert wurden. Beispielsweise erhöhte sich die Anzahl der Feuerrohre bis zur letzten dieser Lokomotiven, der »Planet«, auf 129 bei 41 mm Durchmesser, die Heizfläche stieg dadurch auf rund 38 m^2. Bei dieser Lokomotive ordnete Stephenson außerdem die Zylinder nach dem Vorbild von Hackworth' »Globe« (1830 gebaut) in der noch heute üblichen Weise an.

Am 15. September 1830 standen diese Lokomotiven bereit, um den Betrieb auf der am gleichen Tage eröffneten Strecke Liverpool–Manchester zu übernehmen. Auch am Zustandekommen dieser Strecke hatte George Stephenson einen großen Anteil. Er zeigte damit sein großes ingenieurtechnisches Wissen und zugleich die ihn auszeichnende Fähigkeit, nicht allein die Lokomotiventwicklung, sondern die Eisenbahn als Ganzes zu fördern. Auf der Strecke Liverpool–Manchester bewies er beim Aufschütten eines Dammes durch das 6 km breite Chat-Moor, den Bau eines 2 km langen Tunnels sowie eines 3 km langen senkrechten Felseinschnittes von mehr als 30 m Tiefe den Mut zu ungewöhnlichen Experimenten.

Rasche Fortschritte im internationalen Lokomotivbau

Stephensons »Rocket« wird nicht zu Unrecht als Urahn der Dampflokomotiven bezeichnet; denn sie wies bereits alle Grundelemente des künftigen Dampflokbaus auf. Um diesen wichtigen Qualitätssprung im frühen Lokomotivbau zu verdeutlichen, seien einige der wichtigsten Kriterien der Arbeit einer Dampflokomotive erläutert.

Im Lokomotivbau werden – abgesehen von den Vorratsbehältern für Kohle und Wasser – drei Hauptteile unterschieden: der Kessel, die Dampfmaschine und das Fahrgestell. Das Herzstück jeder Dampflokomotive ist der Kessel. Er unterteilt sich in den Hinterkessel, den Langkessel und die Rauchkammer. Der *Hinterkessel* enthält die nach unten durch den Rost abgeschlossene Feuerbüchse, in der das Heizmaterial (Koks, Steinkohle, Braunkohle, Torf, Holz) verbrannt wird. Abhängig von der Rostgröße kann mehr oder weniger Heizmaterial verbraucht und damit die Dampfentwicklung beeinflußt werden. Von anfangs sehr kleinen Rostflächen (»Rocket« rd. 0,6 m^2, »Novelty« knapp 0,2 m^2) ging man deshalb im späteren Lokomotivbau zu immer größeren über, wobei sich – bedingt durch die physischen Grenzen der menschlichen Arbeitskraft und die Raumverhältnisse auf einer Lokomotive – gewisse Durchschnittsgrößen herausbildeten, die am Ende des 19. Jahrhunderts in Deutschland bei etwa 1,5 bis 2,25 m^2 lagen. Amerikanische Lokomotiven hatten dagegen zur gleichen Zeit teilweise Rostgrößen von maximal 7 bis 8 m^2. In der Feuerbüchse werden sehr hohe Temperaturen entwickelt, die bei Koksfeuerung bis zu 1300 °C erreichen können. Deshalb ist sie in einem bestimmten Abstand von dem mit Wasser gefüllten Stehkessel umgeben.

Die Heizgase der Feuerbüchse werden durch eine Vielzahl von Rohren in den wassergefüllten *Langkessel* geführt, in dem die für die Arbeit der Lokomotive notwendige Dampfspannung erzeugt wird. Je größer die Anzahl der Rohre und damit die Heizfläche ist, um so mehr Wasser kann verdampft werden. Das gerade Flammrohr von einem größeren Durchmesser, das in den früheren Lokomotiven verwendet wurde, aber auch das U-förmige, in dem die Heizgase den Kessel zweimal durchzogen, verdampften deshalb mit ihren Heizflächen von weniger als 10 m^2 (»Novelty« rd. 3,8 m^2) naturgemäß relativ wenig Wasser. Erst der Röhrenkessel brachte hier den erforderlichen qualitativen Sprung, wobei im Verlaufe des 19. Jahrhunderts Anzahl und Länge der Rohre ständig stiegen. Am Ende des Jahrhunderts lag der Durchschnitt bei deutschen Lokomotiven zwischen 180 und 250 Rohren mit einem Durchmesser von 40 bis 55 mm und einer Länge zwischen 3,5 und 5 m. Das entsprach einer Heizfläche von 100 bis 175 m^2. In besonders starken Lokomotiven, wie sie für Gebirgsstrecken erforderlich waren, aber auch bei den allgemein größer dimensionierten amerikanischen Lokomotiven verwendete man sogar 400 und mehr Rohre und steigerte damit die Heizfläche auf 300 m^2 und darüber. Dadurch konnte die für diese Lokomotiven erforderliche Dampfmenge von 10000 kg/h erreicht werden. Im Schnitt lag der Dampfverbrauch der Lokomotiven zu dieser Zeit – in Abhängigkeit von der Zuglast, der Geschwindigkeit und den Geländebedingungen – zwischen 5500 und 8500 kg/h, die mit 1,2 bis 1,4 MPa (12–14 kp/cm^2), bei

Längsschnitt durch einen Lokomotivkessel. 1 – Hinterkessel; 2 – Langkessel; 3 – Rauchkammer; 4 – Feuerbüchse; 5 – Stehkessel; 6 – Dampfdom

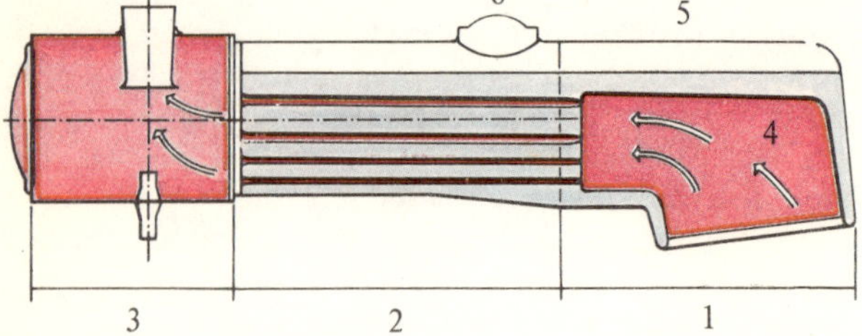

stärkeren Lokomotiven mit bis zu 1,6 MPa (16 kp/cm^2) Überdruck zur Arbeitsleistung für die Maschine zur Verfügung standen. Der im Kessel erzeugte Überdruck erforderte (wie die Wettbewerbsbedingungen von Rainhill zeigen, auch schon bei den frühen Lokomotiven) Sicherheitsventile am Langkessel, von denen eines vom Lokführer bedient wurde, während das andere selbsttätig sein mußte.

Die Rohre des Langkessels münden in die Rauchkammer, in der die Verbrennungsgase gesammelt werden. Vor allem aber wird in der Rauchkammer der notwendige Unterdruck erzeugt, um den Saugzug des Schornsteins zu verstärken. Zu diesem Zweck wird der Abdampf aus dem Zylinder in ein Blasrohr geleitet, das in der Rauchkammer genau unter dem Schornstein liegt. Der Dampf reißt die in der Rauchkammer gesammelten Rauchgase mit in den Schornstein. Der dadurch entstehende Unterdruck wirkt über die Rohre bis in die Feuerbüchse und saugt dort durch den Rost die notwendige Verbrennungsluft an. Bei den späteren Lokomotiven wurde eine zusätzliche Luftzufuhr durch Schlitze neben der Feuertür ermöglicht. Mit dem Blasrohr wurde also ein künstlicher Zug geschaffen, der erforderlich war, um die riesigen Mengen an Kohle verbrennen zu können, die man für eine ausreichende Dampfentwicklung brauchte.

Der im Kessel erzeugte Dampf wird in die Dampfzylinder geleitet und setzt die erzeugte Energie über das Triebwerk (Kolben – Kreuzkopf – Treibstange) in Zugleistung um. Damit die Zylinder möglichst nur fast trockenen Dampf erhalten, wird er aus dem sogenannten Dampfdom auf dem Langkessel entnommen. Er wurde erstmalig im Jahre 1830 von Hackworth bei seiner für die Stockton-Darlington-Bahn gebauten Lokomotive »Globe« verwendet und hat sich seither im Lokomotivbau bewährt. (Später wurde dem Dampfdom auch Dampf für alle jene Armaturen entnommen, die auf möglichst trockenen Dampf angewiesen sind: die Injektoren für die Kesselwasserspeisung, die Dampfheizung, die Bremseinrichtungen usw.)

Aus dem Dampfdom strömt der Dampf, wenn der Dampfregler geöffnet ist, in den Schieberkasten. Der Schieber vermittelt das Einströmen in den Zylinder ab-

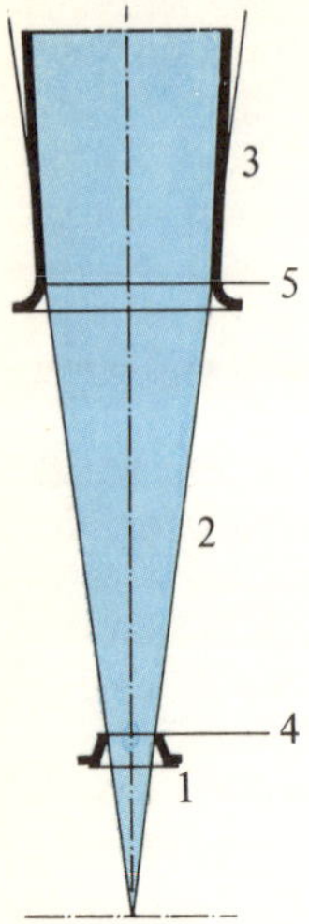

Prinzipskizze einer Saugzuganlage. Der aus dem Blasrohr ausströmende Dampfstrahl erweitert sich kegelförmig. 1 – Blasrohr; 2 – Dampfkegel; 3 – Schornstein; 4 – Oberkante des Blasrohrs; 5 – engste Stelle des Schornsteins

wechselnd vor oder hinter den Kolben. Bei geringem Leistungsbedarf wird der Eintritt von Frischdampf schon nach geringem Kolbenweg geschlossen (»kleine Füllung«), und der Dampf dehnt sich so lange, bis der Schieber die Ausströmung in das Blasrohr freigibt. Hohe Leistung wird durch »große Füllung« erzeugt. Die hin- und hergehende Bewegung des Kolbens wird durch die Treibstange auf das Treibrad übertragen, und von diesem wird durch Exzenter oder Gegenkurbeln die Schieberbewegung abgeleitet. Die Kulissensteuerungen lassen sich auf den gewünschten Füllungsgrad einstellen und ermöglichen dadurch sparsamen Dampfverbrauch. Die Steuerung läßt sich durch Verschiebungen im Gestänge in die entgegengesetzte Fahrtrichtung umlegen. Bei den ersten Lokomotiven setzte man dafür miteinander verschraubte Exzenter ein, die vom Lokführer durch einen Trethebel auf der Treibstange zwischen den Kurbelarmen hin- und hergeschoben wurden. Zusätzliche Handhebel ermöglichten die sehr schwierige Steuerung beim Anfahren. Diese recht umständliche und viel Erfahrung des Lokpersonals voraussetzende Dampfsteuerung wurde 1842 durch die sogenannte Kulissensteuerung von Stephenson verbessert, die durch eine senkrechte Stellung der Schieberspiegel einen direkten Anschluß zwischen Exzenterstangen und Schieberstangen ermöglichte und dabei die Steuerung nicht nur wesentlich vereinfachte, sondern auch die Ausnutzung des Dampfes vergrößerte. Die Stephensonsche Kulissensteuerung bildete somit eine wesentliche Grundlage für eine erhöhte Leistung der Lokomotiven. Sie wurde im weiteren ständig vervollkommnet.

Die Zugkraft einer Lokomotive hängt jedoch nicht nur von der Verdampfungsfähigkeit ihres Kessels und der Leistung ihrer Dampfmaschine ab, sondern auch von ihrem Reibungsgewicht, das in Verbindung mit dem Haftreibungswert die Größe der auf die Schienen übertragbaren Zugkraft bestimmt. (Der Zustand der Schienen – Vereisung, nasses Laub usw. – kann sich dabei erschwerend auswirken. Schon früh wurden deshalb an den Lokomotiven für alle angetriebenen Räder Sandstreueinrichtungen angebracht, um die Reibung beim Anfahren zu vergrößern.)

Die Zugkraft beträgt bei Lokomotiven zwischen 25 und 5 % der Kraft, mit der die Treibräder auf die Schienen wirken. Daraus ergab sich als Schlußfolgerung, möglichst viel Lokomotivgewicht auf die Treibachsen zu legen. Allerdings waren dabei durch die Belastbarkeit der Räder und der Schienen gewisse Grenzen gezogen, die erst durch die höhere Festigkeit des verwendeten Materials (beispielsweise durch die gewalzten Schienen, aber auch die Verwendung schmiedeeiserner Radreifen für die gußeisernen Lokomotivräder seit 1826) nach oben verschoben wurden. Eine zusätzliche Möglichkeit, das Reibungsgewicht einer Lokomotive zu erhöhen, bestand im Kuppeln mehrerer Achsen, wodurch die Dampfarbeit auf mehrere Achsen übertragen wurde.

Ein weiteres Problem beim Lokomotivbau bildete der mitzuführende Vorrat an Brennstoffen und Wasser. Im Interesse einer Verteilung der Achslasten ging man dabei anfangs fast ausschließlich den Weg, einen Schlepptender anzuhängen, auf den der Brennstoff geschüttet und das Wasser meist in einem großen Faß mitgeführt wurde (schon wenig später wurden Wasserkästen üblich). Dieses Verfahren bot außerdem den Vorteil eines ruhigeren

Vierachsige, zweigekuppelte Personenzuglokomotive D 4 der preußischen Staatsbahnen mit Drehgestell (ab 1890)

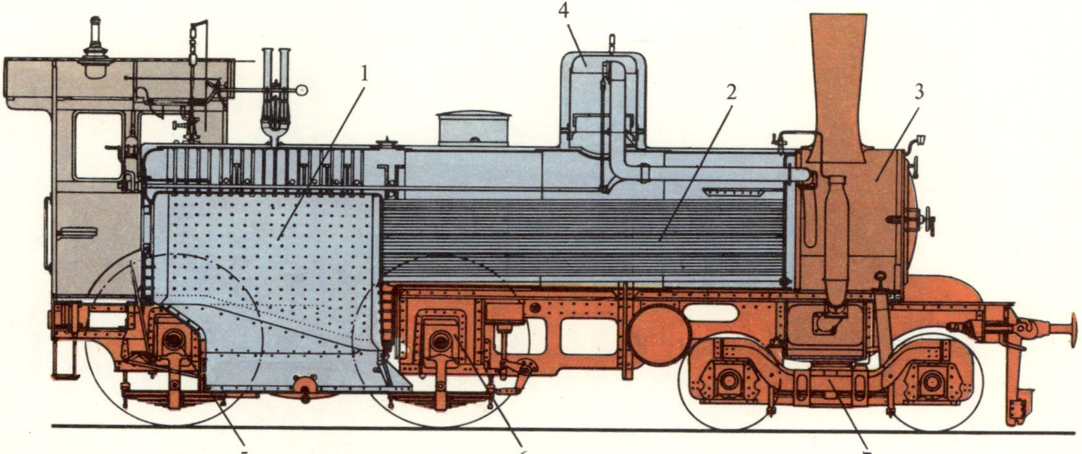

Schnitt durch die auf S. 32 dargestellte Lokomotive. Diese leistungsstärkeren Maschinen faßten die Laufachsen in einem Drehgestell zusammen. In Deutschland wurden sie seit Anfang der 90er Jahre gebaut. 1 – Feuerbüchse mit Rost, vom Stehkessel umgeben; 2 – Langkessel mit Rohren; 3 – Rauchkammerträger mit Rauchkammer, Blasrohr und Schornstein; 4 – Dampfdom; 5 u. 6 – Treibachsen; 7 – Laufachsen, in einem Drehgestell zusammengefaßt

Laufes der Lokomotive. Die Schlepptenderlokomotiven stellten im weiteren Lokomotivbau den Hauptanteil, sie waren vor allem beim Verkehr über längere Strecken unentbehrlich, um nicht durch die ständige Neuversorgung mit Brennstoff und Wasser zu lange Aufenthaltszeiten entstehen zu lassen. Schon die »Novelty« hatte jedoch auch das Beispiel einer Tenderlokomotive geboten, die die Kohlen- und Wasservorräte in besonderen Behältern auf der Maschine mitführte. (Die Tenderlokomotiven kamen erst nach 1847 häufiger zur Anwendung.) Dieses Verfahren schränkte naturgemäß die Bevorratung stark ein, so daß die Tenderlokomotiven in der Folgezeit bevorzugt im Vorort- und Nahverkehr sowie im Rangierdienst verwendet wurden. Sie boten dabei eindeutig Vorteile, weil sie ohne Einschränkung der Geschwindigkeit für Vor- und Rückwärtsfahrten eingesetzt werden konnten und auf Endbahnhöfen nicht gedreht werden mußten. Deshalb bürgerten sich die Tenderlokomotiven auch überall dort ein, wo keine Lokomotivdrehscheiben zur Verfügung standen, wie das unter anderem häufig bei Neben- und Kleinbahnen der Fall war.

Lokomotive und Schlepptender waren durch eine Brücke miteinander verbunden. Über sie konnte der Heizer die Kohle in die Feuerbüchse schippen. Die Übernahme von Wasser aus dem Tender erfolgte dagegen mit Speisepumpen unter oder neben dem Kessel. Sie wurden anfangs von der Treibachse oder dem Kreuzkopf des Kolbens angetrieben. Dieses Verfahren hatte den großen Nachteil, daß der Kessel nur während der Fahrt mit Wasser versorgt werden konnte. War dagegen bei einem Aufenthalt Wasser nachzupumpen, so mußte der Lokführer mit der Lokomotive auf den Bahnhofsgleisen hin- und herfahren. Da das mit dem zunehmenden Verkehr auf den Bahnhöfen immer schwieriger wurde, bauten einige Bahnhöfe regelrechte Rollstände, um die Speisepumpen betätigen zu können.

Eine Veränderung konnte erst erreicht werden, als der Franzose Giffard 1858 einen Injektor (später Dampfstrahlpumpe genannt) entwickelte, der mit der Energie des Dampfstrahls das Wasser in den Kessel sprühte.

Diese und andere für den internationalen Lokomotivbau

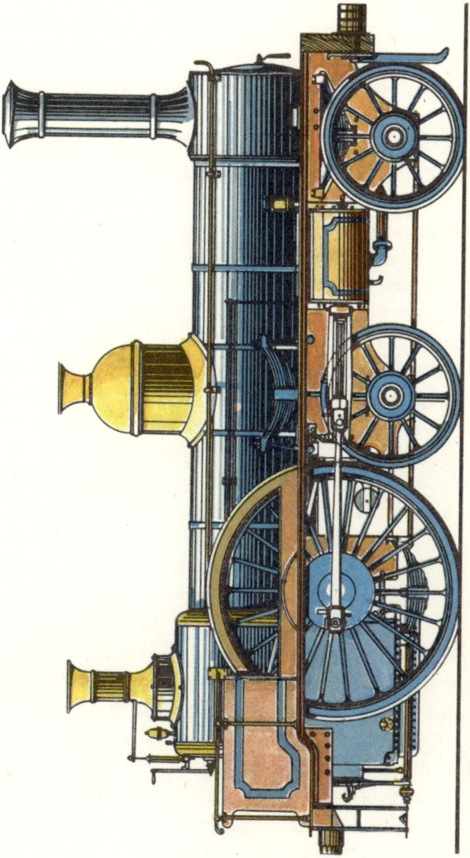

Stephenson-Longboiler-Lokomotive (1846)

außerordentlich wichtige Erkenntnisse wurden anfangs mehr oder weniger empirisch gewonnen, wenn auch auf der Basis des damals bekannten technischen Wissens. Von den zahlreichen Erfindern, die sich mit diesen Problemen beschäftigten, sind nur wenige in die Geschichte eingegangen, obgleich viele von ihnen einen entscheidenden Beitrag zur Lokomotiventwicklung leisteten. Robert Stephenson stellte mit vollem Recht fest: »Die Lokomotive ist nicht die Erfindung eines einzelnen, sondern die einer Nation von Ingenieuren.«

Die beachtlichen Fortschritte in der allgemeinen Produktivkräfteentwicklung ermöglichten später in zunehmendem Umfange zielgerichtete Untersuchungen zur Leistungssteigerung der Dampflokomotiven. Besonders wichtig waren dafür die Fortschritte auf dem Gebiet der Naturwissenschaften und der technischen Wissenschaften, aber auch die Entwicklung des allgemeinen Maschinenbaus sowie die verbesserte Metallverarbeitung. Sie fanden im Lokomotivbau jener Jahrzehnte eine vielfache Widerspiegelung.

Im Vordergrund standen dabei Bemühungen um die Steigerung der Leistungsfähigkeit von Kessel und Maschine, aber auch um die Verbesserung der Dampfsteuerung und des Gestells der Lokomotiven (Rahmen, Achsen und Federn). Sie vollzogen sich unter einem ausgeprägten internationalen Aspekt; denn das Entstehen stabiler wirtschaftlicher und Kommunikationsbeziehungen zwischen den kapitalistischen Staaten sorgte für eine schnelle Verbreitung neuen technischen Wissens. Anfänglich dominierte wegen seines großen Vorsprungs England auf diesem Gebiet; sehr bald entwickelten sich aber eigenständige Lokomotivindustrien auch in anderen Staaten, die mit ihren spezifischen Anforderungen an die Eisenbahnen den Lokomotivbau stark förderten.

Im englischen Lokomotivbau veranlaßte Stephenson einige wichtige Verbesserungen. Ab 1834 fügte er den vorher fast ausschließlich üblichen zwei Achsen der Lokomotiven eine dritte hinzu, damit das steigende Lokomotivgewicht besser auf den in der Regel noch schwachen Oberbau übertragen werden konnte. Bei dieser neuen Bauart lag die Treibachse in der Mitte, während die vordere

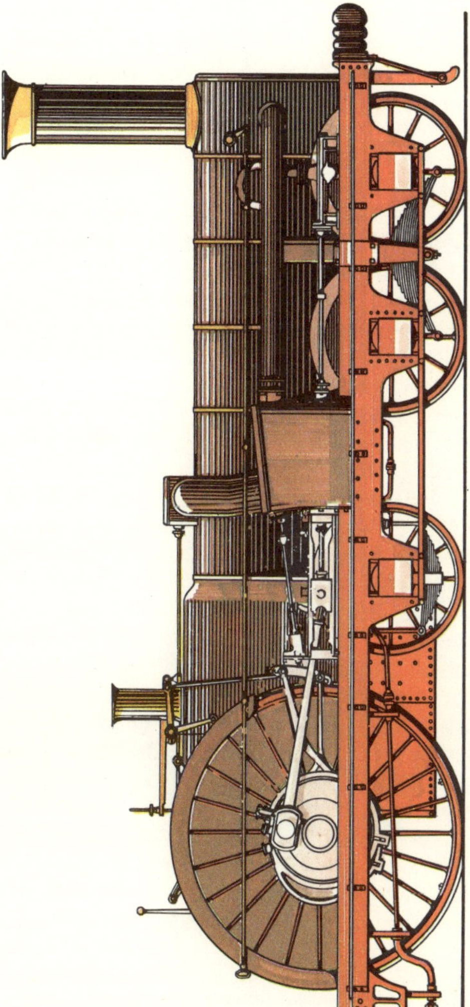

Crampton-Lokomotive »Liverpool« (1848)

und hintere Achse als Laufachsen fungierten.[1] Im Jahre 1842 ließ sich Stephenson eine gleichfalls dreiachsige Lokomotive (wiederum in der Achsanordnung 1A1) mit einem langen Kessel patentieren, mit dem er die Möglichkeit einer Leistungssteigerung von Lokomotiven für die Spurweite von 1435 mm beweisen wollte, die von Befürwortern einer breiteren Spur angezweifelt wurde. Der Kessel dieser »Longboiler«-Maschine hatte eine Länge von 4,26 m (statt wie bisher 2,44 m). Alle Achsen lagen vor dem Hinterkessel. Das hatte den Nachteil, daß bei höheren Geschwindigkeiten störende Bewegungen der überhängenden Massen entstanden, die Stephenson veranlaßten, die Treibachse als letzte vor den Hinterkessel und die Zylinder zwischen die Laufachsen zu legen. Da auch diese Veränderung noch nicht voll befriedigte, baute er ab 1846 eine vierte Achse als hintere Laufachse ein.

Im gleichen Jahre machte ein weiterer englischer Lokomotivbauer auf sich aufmerksam: Thomas R. Crampton. Er war bis 1844 bei der englischen Great-Western-Bahn beschäftigt gewesen, deren Erbauer Brunel die Spurweite von 7 Fuß (englisch) = 2135 mm durchgesetzt hatte. Brunels Motiv war eine höhere Leistungsfähigkeit und, darauf aufbauend, eine Monopolstellung im Eisenbahnverkehr des englischen Westens und damit zugleich im Verkehr mit den USA. Sein wesentlichstes Argument war, daß die breitere Spur größere und stärkere Lokomotiven sowie Eisenbahnwagen von höherer Tragfähigkeit gestatten würde. Crampton stand demgegenüber auf der Seite Stephensons. Seit 1842 ließ er sich einige technische Veränderungen patentieren, die beim Bau seiner ersten beiden Lokomotiven für die belgische Eisenbahn von Namur nach Lüttich Berücksichtigung fanden. Die Lokomotiven wurden 1846 geliefert und zeigten als auffallendste Merkmale die Verlegung der Treibachse mit überdimensionierten Rädern hinter die Feuerbüchse sowie die Außenanordnung des gesamten Steuerungsgestänges. Zugleich hatte Cramp-

[1] Man bezeichnet diese Achsanordnung als 1A1. Der in der Mitte stehende Buchstabe nennt die Anzahl der Treibachsen, wobei A für 1, B für 2, C für 3 usw. steht; die arabischen Ziffern verweisen auf die Anzahl der vorderen und hinteren Laufachsen.

Amerikanische Drehgestell-Lokomotive von Baldwin (1834)

ton eine tiefe Schwerpunktlage des Kessels gewählt, die man nach damaligen Erkenntnissen als unerläßlich für einen ruhigen Lauf der Maschine ansah.

Die großen Treibräder bestimmten das Gesicht dieser Lokomotiven. War man bisher über einen Raddurchmesser von 1,5 m kaum hinausgegangen, so wählte Crampton bei seinen Lokomotiven rund 2,1 bis 2,4 m. Dieser weit größere Raddurchmesser erhöhte die Schnelligkeit der Lokomotiven. Bei Probefahrten der »Namur« auf den Strecken der englischen Grand-Junction-Bahn über insgesamt 3 680 km erreichte sie ohne Belastung Geschwindigkeiten bis zu 120 km/h und bei geringeren Belastungen 100 km/h – Leistungen, die zu dieser Zeit keine andere Lokomotive aufweisen konnte, auch nicht die der Breitspur. Allerdings hatten die Crampton-Lokomotiven einen entscheidenden Nachteil: Infolge ihrer Achsanordnung hatten sie nur eine geringe Treibachslast. Sie konnten nur leichtere Züge ziehen. Jedoch genügten sie dem damaligen Umfang des Personenreiseverkehrs für längere Zeit. Als typische Schnellzuglokomotiven fanden sie Verbreitung in mehreren Ländern, darunter auch in Deutschland. In Preußen waren sie bis in die Mitte der achtziger Jahre hinein im Einsatz.

In den Anfangsjahren des Eisenbahnbaus beherrschten die englischen Lokomotiven auf Grund ihrer Vorzüge und der durch sie repräsentierten langjährigen Produktionserfahrungen den »Lokomotivmarkt« nicht allein in Europa, sondern auch in den USA. 114 englische Lokomotiven wurden nach den USA exportiert, nachdem dort der Eisenbahnbau begonnen hatte. Gleichzeitig liefen in den zwanziger Jahren erste eigene Versuche, die aber erst Anfang der dreißiger Jahre zu brauchbaren Lösungen führten. Den Beginn des eigenständigen amerikanischen Lokomotivbaus markierte die Gründung der Firma Baldwin in Philadelphia, die bald zu einer der leistungsfähigsten in der Welt wurde und in großem Umfange exportierte, nicht nur nach Kanada, Mittel- und Südamerika, sondern auch nach Europa. Die amerikanischen Lokomotiven zeigten einige Besonderheiten, die deutlich von den Belangen der nationalen Wirtschaft, aber auch von den gegebenen geographischen Bedingungen beeinflußt wurden. Darunter sei die

Amerikanische Güter- und Personenzuglokomotive (1859)

frühe Verwendung des sogenannten Drehgestells[1] erwähnt, die durch scharfe Krümmungen und mangelhafte Gleislage im Eisenbahnbau der Anfangsjahre bedingt war.

Typisch war im weiteren Verlauf - vor allem im Zusammenhang mit einer ständigen Verbesserung des Oberbaus – die Fertigung von Lokomotiven, die schon sehr bald wesentlich größere Leistungen aufwiesen als die europäischen. Diese Entwicklung wurde durch schwierige Terrainverhältnisse gefördert, aber auch durch die weite räumliche Trennung der Abbauorte wichtiger industrieller Rohstoffe. So bedingte unter anderem die erhebliche Entfernung zwischen den Erzlagern an den oberen Seen und den Kohlenvorkommen in Pennsylvania das Entstehen geschlossener Massentransporte über lange Strecken, die aus Gründen der ökonomischen Effektivität Triebfahrzeuge hoher Leistung verlangten. Darüber hinaus war generell durch den viel größeren inneren Markt der Gütertransportbedarf weitaus früher als in den europäischen Ländern stärker ausgeprägt. Ein nicht zu unterschätzender Faktor war für die rasche Entwicklung des Lokomotivbaus außerdem der harte Konkurrenzkampf zwischen den einzelnen privaten Eisenbahngesellschaften, die mit hoher Leistungsfähigkeit einen immer größeren Teil des Gütertransports, aber auch der Personenbeförderung an sich ziehen wollten.

Auch im äußeren Erscheinungsbild wiesen die amerikanischen Lokomotiven Besonderheiten auf: durch die »Kuhfänger« an ihrer Stirnseite (mit denen beim Durchfahren ausgedehnter landwirtschaftlicher Gebiete das Vieh von der Strecke geräumt werden sollte, ohne Schaden anzurichten), die großen Signallaternen vor dem Schornstein, die Funkenfänger am Schornstein, die großen Glocken und scharfen Dampfpfeifen, aber auch durch die geräumigen Führerhäuser und nicht zuletzt durch die intensive Farbgebung für die ganze Lokomotive.

Der französische Lokomotivbau zeichnete sich dem-

[1] Ein- oder mehrachsiges Radgestell, am Hauptrahmen des Fahrzeuges so befestigt, daß eine Drehung um eine lotrechte Achse erfolgen kann, die entweder fest oder seitlich verschiebbar ist.

gegenüber besonders dadurch aus, daß er schon sehr bald auf der Grundlage gezielter wissenschaftlicher Untersuchungen erfolgte. Schon 1834 hatte de Pambour auf der englischen Bahn von Liverpool nach Manchester grundlegende Versuche über den Zusammenhang zwischen Verdampfungsfähigkeit und Leistung der Lokomotiven durchgeführt, die er in einem Handbuch über Dampfwagen (»Theoretisch-praktisches Handbuch über Dampfwagen«, Braunschweig 1841) veröffentlichte. Auch wesentliche Erfahrungen über die Dampfsteuerung bzw. die Expansionswirkung wurden in Frankreich gewonnen, auf denen unter anderem die Stephensonsche Kulissensteuerung beruhte.

In der Reihe der wichtigen Weiterentwicklungen im französischen Lokomotivbau ist außerdem an den Giffardschen Injektor zu erinnern und gleichzeitig zu erwähnen, daß die französischen Ingenieure von Anfang an sehr intensiv an der Erhöhung der Geschwindigkeiten arbeiteten. Sie setzten in großem Umfange Crampton-Lokomotiven ein und erreichten mit ihnen im Schnellzugdienst beachtliche Leistungen (z. B. in den siebziger Jahren des 19. Jahrhunderts bei den »trains rapides« nach Bordeaux mit 200 t Zuggewicht 80 km/h, beim Südexpreß mit 125 t Zuggewicht 95 km/h). Die nachhaltigste Wirkung hatte jedoch die Entwicklung des Verbundsystems auf den weiteren internationalen Lokomotivbau, über das an anderer Stelle noch Genaueres ausgesagt wird.

Der Lokomotivbau der übrigen europäischen Staaten beeinflußte die Entwicklung auf Teilgebieten, wie z. B. der Bau von Gebirgslokomotiven in Österreich und der Schweiz.

»Dampfrösser« in Deutschland

Der deutsche Lokomotivbau wurde wie der anderer Länder anfangs gleichfalls sehr stark vom englischen Vorbild beeinflußt. Der niedrige Stand der kapitalistischen Entwicklung, die mangelnde Erfahrung im Maschinenbau, aber auch der zunächst gering ausgeprägte gesellschaftliche Bedarf bewirkten, daß eine eigene Lokomotiventwicklung praktisch erst im Zusammenhang mit dem Bau der ersten Eisenbahnlinien bzw. danach entstand. Die beiden Versuche der Jahre 1816 und 1817 in der Königlichen Eisengießerei Berlin, nach englischen Vorbildern Lokomotiven für »Werkbahnen« in Oberschlesien und dem Saargebiet zu bauen, können – nicht allein wegen ihres Mißerfolgs – dabei außer acht bleiben. Sie haben keine praktischen Ergebnisse für ein Weiterführen des »Dampfwagenbaus« gebracht.

Beim Bau der ersten Eisenbahnlinie zwischen Nürnberg und Fürth (mit der bescheidenen Länge von rd. 6 km) wandte sich das Direktorium dieser Bahn deshalb wegen der Beschaffung einer Lokomotive an Stephenson, nachdem verschiedene Versuche, ein geeignetes Angebot aus deutschen Fabriken zu erhalten, letztlich gescheitert waren. Am 15. Mai 1835 bestellte das Direktorium bei Stephenson »eine Lokomotive auf 6 Rädern von 5 bis 6 Tonnen Schwere nebst Tender, ferner das Eisenwerk zu je einem Waren- und Personentransportwagen«. Im Brief des Direktoriums war ferner zu lesen: »Wir wünschen alles anfangs August zu erhalten. Mit dem Dampfwagen senden Sie einen Mann, der mit Leitung, Beheizung und Behandlung völlig vertraut ist und der so lange hierbleibt, bis er einen anderen hierin unterrichtet hat.«

Der ursprünglich geplante Eröffnungstag, der 25. August – der Geburts- und Namenstag des bayrischen Königs –, konnte jedoch nicht eingehalten werden. Schwierigkeiten gab es schon mit der Festlegung der Spurweite. Das bayrische Direktorium hatte ein Holzmodell des geplanten Schienenweges nach England geschickt, wobei sich herausstellte, daß die zwischen Nürnberg und Fürth gewählte Spurweite nicht mit der von Stephensons Lokomotiven (1435 mm) übereinstimmte. Zwangsläufig mußte man deshalb noch während des Baues Veränderungen vornehmen.

Diskussionen gab es auch um das Heizmaterial der Lokomotive. Wegen des Mangels an Steinkohle in dem Gebiet um Nürnberg beabsichtigte man, mit Holzkohle zu heizen, und forderte von Stephenson, er möge bei der Konstruktion der Lokomotive darauf Rücksicht nehmen. Dieser empfahl daraufhin Holz als Heizmaterial; jedoch kam man von beidem ab, weil die Nürnberger durch den ständigen Bedarf der Eisenbahn eine Verteuerung dieses für das Gewerbe sehr wichtigen Brennmaterials befürchteten. Zwar erklärte das Direktorium, es würden nach Expertenberechnungen täglich nur 10 Zentner (0,5 t) Holzkohle benötigt, jedoch untersuchte man trotz allem nochmals den Einsatz von Steinkohlenkoks, den man auf den englischen Eisenbahnen wegen der geringeren Rauchentwicklung verwendete, und entschied sich letztlich für den Einsatz von Steinkohle und Koks. Um den Betrieb für die ersten Wochen zu sichern, bestellte man im August 1835 100 Zentner (5 t) Kohlen und Koks von Eschweiler und Ruhrort, die in Kisten angeliefert wurden! Übrigens war die umständliche und auch teure Beschaffung der Kohle Anlaß für einige Lokomotivgegner, für die Nürnberg–Fürther Eisenbahn den Einsatz von Pferden als Zugkräfte vorzuschlagen. Sie fanden jedoch keine Zustimmung.

Schließlich konnte Stephenson den gewünschten Liefertermin nicht einhalten. Erst Anfang September wurde die Lokomotive zerlegt auf den Transport geschickt. Der künftige Lokomotivführer Wilson begleitete sie. Ging die Seereise bis Rotterdam mit einer rund zehntägigen Dauer noch glatt, so begannen danach erhebliche Probleme. Die Dampfboot-Gesellschaft, die die Lokomotive rheinaufwärts transportieren sollte, weigerte sich, die schwere und voluminöse Fracht zu übernehmen. Erst nach längerem Bemühen erklärte sich ein Schiffer gegen einen für damalige Verhältnisse recht hohen Tarif bereit, die Lok bis Köln zu transportieren.

Neue Verzögerungen traten ein, als der Dampfschlepper wegen des niedrigen Wasserstandes das Frachtschiff nur bis Emmerich schleppen konnte, während man es von da an mit Pferden stromauf treideln mußte. Diese gesamte Prozedur dauerte vom 17. September bis zum 7. Oktober 1835. Das Ausladen in Köln gestaltete sich fast ebenso umständlich, weil das Frachtschiff erst leichtern mußte (man lud Kaffeeballen und Stockfischstollen aus), um unter dem Kran anlegen zu können, der die einzelnen Kisten von je etwa 3 t Gewicht herausheben sollte. Regen und Sturm behinderten diese durch die mangelnde Technik recht aufwendige und schwere körperliche Arbeit. Von Köln aus erfolgte der weitere Transport auf der Landstraße. Erst am 26. Oktober trafen die Kisten in Nürnberg ein.

Dieser schwierige, langsame und teure Transport bewies augenscheinlich die Notwendigkeit einer Veränderung der Verkehrsverhältnisse in Deutschland. Nimmt man noch die hier nicht erwähnten Zollschwierigkeiten durch die deutschen Kleinstaaten hinzu, so zeigen sich eindeutig einige der wichtigsten Hemmnisse, die einer raschen und ungehinderten Entfaltung des Kapitalismus in Deutschland entgegenstanden. Der Eisenbahnbau bildete deshalb einen wichtigen Faktor der beginnenden industriellen Revolution.

Nach ihrer Ankunft in Nürnberg wurde die Lokomotive unter Leitung Wilsons zusammengebaut und am 16. November auf einem »starken Fuhrmannswagen« bis zur Bahnlinie transportiert. Am gleichen Tage noch begannen die Probefahrten. In der Nürnberger Stadtchronik ist über dieses bemerkenswerte Ereignis – immerhin war es die erste Fahrt mit einer Dampflokomotive in Deutschland – folgendes zu lesen: »Montag den 16. November nachmittags wurde auf der Nürnberg–Fürther Eisenbahn mit dem Dampfwagen eine Probefahrt nach Fürth und zurück gemacht. Die dermalige Kälte der Atmosphäre machte bei dem Gebrauch dieser köstlichen Maschine die äußerste Vorsicht ratsam, so daß bei dem Versuche von Schnelligkeit der Bewegung Umgang genommen werden mußte. Höchst imposant war aber schon der Anblick dieses durch eine unsichtbare Kraft sich bewegenden Kolosses, der unter Begleitung einer großen Zahl Zuschauer ruhig seine Bahn dahin wandelte.«

Einige Tage später, am 21. November, wurden erstmalig fünf Wagen angehängt und rund neunzig Personen in etwa 12 Minuten von Nürnberg nach Fürth gefahren. Am 7. Dezember 1835 wurde dann auch offiziell unter großer Anteilnahme der Öffentlichkeit das Zeitalter der Dampfeisenbahn für Deutschland eröffnet. Die Lokomotive Stephensons mit dem stolzen Namen »Der Adler« bewährte sich dabei wie auch bei künftigen Fahrten gut. Es handelte sich um eine 1A1-Maschine mit einer Leistung von 29 kW (40 PS). Stephenson hatte derartige Maschinen – allerdings in etwas schwererer Ausführung – auch schon für England, die USA und andere Länder geliefert. 1836 folgte ihr eine Maschine gleicher Bauart, »Der Pfeil« genannt.

Die erste deutsche Fernbahn von Leipzig nach Dresden bezog ihre Lokomotiven anfänglich gleichfalls vorwiegend aus England. Die erste für Sachsen bestimmte Lokomotive »Komet« lieferten Rothwell & Co. aus Bolton Ende 1836. Nach dem Zusammenbau wurde sie als eine besondere technische Attraktion in Leipzig auf Böcke gestellt, geheizt und in Bewegung vorgeführt. Am 28. März 1837 ging sie auf ihre erste Probefahrt zwischen Leipzig und Posthausen. Ende des gleichen Jahres verkehrten vier und ein Jahr später schon fünfzehn 1A1- bzw. B-Lokomotiven aus verschiedenen englischen Fabriken auf den fertigen Streckenteilen der Eisenbahn Leipzig–Dresden. Dabei setzte man von Anfang an die zweifach gekuppelten B-Lokomotiven im Winterhalbjahr ein, um die schwierigeren Betriebsverhältnisse durch ein größeres Reibungsgewicht ausgleichen zu können. Im Jahre 1838 wurde zusätzlich eine amerikanische Lokomotive, »Columbus«, von der Firma Gillingham und Wynants in Baltimore importiert, die sich jedoch wegen der geringen Erfahrung dieser Firma im Lokomotivbau als untauglich erwies.

Die erste wirklich brauchbare deutsche Lokomotive wurde von Johann Andreas Schubert gebaut, einem Professor der Königlich-Technischen Lehranstalt in Dresden. Er hatte anläßlich einer Studienreise nach England im Jahre 1834 die zahlreichen direkten und indirekten Vorteile der modernen Verkehrsmittel – wenn auch zum Teil noch in Keimformen – kennengelernt. Schuberts schriftlich niedergelegte Eindrücke von der Begegnung mit den Dampfeisenbahnen, aber auch seine Äußerungen über die Dampfschiffe und die damals in England verbreiteten Dampfkutschen und Dampfomnibusse beweisen, daß er die Bedeutung dieser Verkehrsmittel für den weiteren Ausbau der kapitalistischen Industrie richtig einschätzte. Er erkannte, daß sie – dem damaligen Entwicklungsstand entsprechend, besonders die Eisenbahnen – erstmalig den dringend erforderlichen Massenverkehr und vor allem eine ständige, zuverlässige und billige An- und Abfuhr der Rohstoffe, Halbfertigfabrikate und Fertigwaren ermöglichten.

Neben seinen Arbeiten zur Entwicklung der Dampfschiffahrt auf der Elbe galt Schuberts Interesse in besonderem Maße den Dampfeisenbahnen. Außer von seinen unmittelbaren Anschauungen in England ging er bei der Konstruktion seiner Lokomotive von Vermessungsergebnissen an einer englischen Maschine aus, die auf den ersten Teilstrecken der Leipzig–Dresdener Eisenbahn verkehrte und Schubert im Frühjahr 1838 für kurze Zeit zugänglich war. Schon im Spätherbst des gleichen Jahres war seine eigene Lokomotive gebaut und einsatzbereit. Anfang Dezember begannen die ersten Probefahrten. Auch wenn man dabei berücksichtigt, daß diese ersten Triebfahrzeuge konstruktiv einfacher gelöst waren als ihre Nachfolgerinnen, so ist doch der Zeitraum von einem reichlichen halben Jahr für die Entwicklungsarbeiten außerordentlich gering. Außerdem ist dabei zu erwägen, daß die technisch einfacheren Lösungen bei weitem durch die Schwierigkeiten der Produktion einer derartigen Präzisionsmaschine, für die in Deutschland nicht die geringsten industriellen Erfahrungen vorlagen, aufgewogen wurden. Auch die konstruktiven und vor allem die praktischen betrieblichen Erfahrungen waren noch so bescheiden, daß man die

Leistungen Schuberts und seiner Mitarbeiter mit großer Hochachtung betrachten muß. Erschwerend kam hinzu, daß sich Schubert einem massiven, von der englischen »Konkurrenz« geschürten Widerstand gegenübersah, der auch andere deutsche Lokomotivbauer noch eine Zeitlang behinderte, fürchteten doch die englischen Firmen mit Recht um ihr Monopol auf dem europäischen Markt. Allerdings wurde dieser Widerstand bald gegenstandslos; denn der riesige Materialbedarf der sich rasch ausbreitenden Eisenbahnen schuf den zahlreichen neu entstehenden deutschen Lokomotivfirmen einen aufnahmefähigen Markt. Für die Pioniere des deutschen Lokomotivbaus wirkte die englische Konkurrenz jedoch stark hemmend. Die auf Grund der langjährigen Produktionserfahrungen objektiv leistungsfähigeren englischen Lokomotiven führten zu einer geringen Bereitschaft der deutschen Eisenbahngesellschaften der Anfangsjahre, eigene Entwicklungen finanziell zu fördern.

Die in der Maschinenfabrik Dresden-Übigau gebaute Schubertsche »Saxonia« zeigte in ihrem Äußeren viele Ähnlichkeiten mit den englischen Vorbildern. Als Achsanordnung wählte Schubert B1, um das Gewicht der weit überhängenden Feuerbüchse durch eine Laufachse auffangen zu können und damit die Laufeigenschaften zu verbessern. Die technischen Daten der »Saxonia« waren für diesen Erstling recht beachtlich: Sie hatte ein Dienstgewicht von etwa 15 t, 88 Heizrohre mit je 41,3 mm Durchmesser und einer Länge von 2 120 mm, eine Heizfläche von 24,2 m^2 und eine Rostfläche von 0,56 m^2. Bei einem Kesseldruck von 0,42 MPa (4,2 kp/cm^2) erzeugte sie eine Leistung von 40 kW (55 PS). Gegenüber den englischen Lokomotiven zeigte sie jedoch – bei aller Anerkennung der Leistungen Schuberts – naturgemäß Mängel (beispielsweise einen recht hohen Brennstoffbedarf), die nur nach längeren Produktionserfahrungen überwunden werden konnten.

Das Direktorium der Leipzig–Dresdener Eisenbahngesellschaft bezweifelte die Leistungsfähigkeit der »Saxonia« überhaupt. Bei der Eröffnungsfahrt auf der Gesamtstrecke Leipzig–Dresden (sie wurde seit dem 24. April 1837 in Teilabschnitten von Leipzig und Dresden aus dem Verkehr übergeben) am 7. April 1839 erhielt Schubert deshalb nur die Erlaubnis, ohne Zuglast hinter den drei von englischen Lokomotiven gezogenen Eröffnungszügen herzufahren. Die »Saxonia« bestand diese Bewährungsprobe gut. Von ihrem Erbauer Schubert selbst geführt, erreichte sie die gleiche Geschwindigkeit wie die Eröffnungszüge.

Trotz dieses Erfolges gelang es Schubert nicht, die Unterstützung der Bahngesellschaft für seine weiteren Arbeiten zu gewinnen. Zwar kaufte sie die »Saxonia« ebenso wie die zweite unter Leitung Schuberts gebaute, verbesserte Lokomotive »Phönix«, aber beide wurden infolge der noch vorhandenen technischen Unzulänglichkeiten vorwiegend nur im Bahnhofsdienst eingesetzt.[1] Im Jahre 1849 wurden die »Saxonia«, der »Komet« und der »Faust« (eine 1838 gekaufte Lokomotive) wegen des großen Kohlenverbrauchs aus dem Verkehr gezogen und zerschlagen, so daß die erste brauchbare deutsche Lokomotive nicht mehr im Original vorhanden ist.

Die Lokomotivfeuerung spielte übrigens auch bei den sächsischen Eisenbahnen – wie generell in den Anfangsjahren – eine wichtige Rolle. Die importierten englischen Lokomotiven waren nur mit englischem Steinkohlenkoks zu beheizen, den man mit See- und Binnenschiffen unter erheblichem Aufwand heranschaffte. Durch das wiederholte Umladen beim Transport verminderte sich die Qualität des Kokses infolge »unvermeidlicher Zerkleinerung«, so daß beim Heizen ein Teil ungenutzt durch die Roste fiel. Darüber hinaus erhöhten sich die Betriebskosten durch den teuren Brennstoff so sehr, daß die Profite der Eisenbahngesellschaft geschmälert wurden. Aus diesem Grunde wurden intensive Versuche unternommen, die sächsischen Steinkohlen zu verwenden. Nach anfängli-

[1] Schuberts intensive Bemühungen um ein den Bedürfnissen der kapitalistischen Wirtschaft entsprechendes Verkehrswesen beschränkten sich nicht allein auf seine Arbeiten für die Dampfschiffe und die Dampflokomotiven. Er wurde außerdem bekannt durch die Begründung des mit wissenschaftlichen Methoden durchgeführten Eisenbahnbrückenbaus. Er war am Bau der Brücken über das Göltzsch- und Elstertal beteiligt, die für damalige Verhältnisse schwierigste Ingenieuraufgaben stellten, bei denen man auf nur geringen Erfahrungen aufbauen konnte.

Schuberts »Saxonia«

chen Fehlschlägen gelang es zunächst, durch Mischung sächsischer Steinkohle mit englischem Koks eine bessere Lösung zu finden. Außerdem richtete man in Riesa eine eigene Kokerei ein, in der die englische Steinkohle nach englischen Verfahren verarbeitet wurde.

Im Zusammenhang mit dem Bau der sächsisch-bayrischen Eisenbahnlinie von Leipzig nach Hof wurde ab 1842 auch die Zwickauer Steinkohle zum Verkoken genutzt (1845 stellte die Kokerei der Leipzig–Dresdener Eisenbahn in Riesa ihre Tätigkeit ein). Trotz der erheblichen Verminderung der Kosten suchte man aber weiterhin nach Möglichkeiten, die Kohle in ihrer ursprünglichen Form für die Lokomotivheizung zu nutzen. Etwa seit 1855 war es durch Veränderungen beim Lokomotivbau möglich, sowohl Steinkohle als auch gute Braunkohle ohne Verkoken zu verheizen. Entsprechend den örtlichen Gegebenheiten, wurden in anderen Gebieten Deutschlands auch Holz und Torf für die Lokomotivheizung eingesetzt. Koks verwendeten in der Folgezeit viele Bahnen vorwiegend im Rangierdienst auf den Bahnhöfen, um die Brandgefahr bzw. die Belästigung der Reisenden durch Funkenflug und Rauchentwicklung zu vermindern.

Neben den Lokomotiven aus dem Werk von Stephenson beeinflußten den deutschen Lokomotivbau in der Folgezeit vor allem die Maschinen von Forrester aus Liverpool, der für die Braunschweigischen Eisenbahnen Lokomotiven mit einem Außenrahmen und erstmals waagerecht liegenden Außenzylindern lieferte. Aber auch Lokomotiven von Norris aus Philadelphia, die mit einer Treibachse und einem vorderen Drehgestell mit zwei Laufachsen ausgestattet waren und zuerst auf der Berlin–Potsdamer Eisenbahn (1838 eröffnet) liefen, dienten als Vorbild.

Der deutsche Eisenbahnbau nahm seit dem Ende der dreißiger Jahre rasch zu. Die hohen Profite, die der Bau und Betrieb der Eisenbahnen versprachen, weckten ein regelrechtes »Eisenbahnfieber«.[1] Im Jahre 1840, fünf Jahre nach dem Beginn des deutschen Eisenbahnverkehrs, umfaßte

[1] Auf den Erfahrungen der ersten englischen Eisenbahnen aufbauend, rechnete man beispielsweise bei der Nürnberg–Fürther Eisenbahn mit einer Verzinsung des angelegten Kapitals von 12 bis 12,5 %.

1A1-Lokomotive »Ernst August« der Firma Egestorff (1846)

das Eisenbahnnetz schon 469 km, 1850 5 856 km.[1] Da gleichzeitig die Dichte des Verkehrs wuchs, mußte zwangsläufig die Ausstattung der Eisenbahnen mit Triebfahrzeugen und rollendem Material an Umfang zunehmen. Dieses lohnende Geschäft wollte sich die deutsche Wirtschaft nicht entgehen lassen. Auf den englischen und amerikanischen Erfahrungen basierend, entstanden deshalb besonders seit Anfang der vierziger Jahre eigene deutsche Lokomotivfabriken, die schon sehr bald imstande waren, ebenbürtige Leistungen zu vollbringen und ihrerseits dem internationalen Lokomotivbau Impulse zu geben.

Im Jahre 1841 fuhr auf der Berlin-Anhalter Bahn die erste Lokomotive der Firma Borsig aus Berlin, die im Äußeren sehr stark an die Norris-Maschinen erinnerte. In den folgenden Jahren nahmen die Maschinenfabrik Buckau in Magdeburg, die Maschinenfabrik Keßler in Eßlingen, Maffei in München, Egestorff in Hannover, Schwartzkopf in Berlin, Hartmann in Chemnitz und Henschel in Kassel die Produktion von Lokomotiven auf, um nur die wichtigsten zu nennen. Schon 1850 überwogen deshalb im Einsatz bei den Eisenbahnunternehmen die deutschen Lokomotiven. Von den durch die Eisenbahnstatistik für dieses Jahr erfaßten insgesamt 692 Lokomotiven (die von 26 Bahnverwaltungen – und damit fast allen damals existierenden – gemeldet waren) entfielen 396 = 57,2 % auf deutsche und 296 = 42,8 % auf ausländische Firmen. In der Reihenfolge der Lieferanten stand Borsig zu diesem Zeitpunkt mit 259 Lokomotiven bereits an der Spitze. Allerdings wurden die zweiten und dritten Plätze noch durch englische Firmen belegt: Stephenson mit 109 und Sharp & Comp. aus Manchester mit 76 Lokomotiven.

Schon im folgenden Jahrzehnt veränderte sich diese Situation noch mehr zugunsten der deutschen Unterneh-

[1] Das Tempo des Eisenbahnbaus ist daraus ersichtlich, daß von 1835 bis 1870 jährlich rund 540 km und von 1871 bis 1913 jährlich rund 990 km Eisenbahnlinien neu gebaut wurden. Demzufolge umfaßte das deutsche Eisenbahnnetz 1870 18 806 km regelspurige Eisenbahnen, 1900 49 930 km und 1913 61 404 km.

men. Von den 1860 insgesamt 2688 auf den deutschen Eisenbahnen verkehrenden Lokomotiven kamen allein 1573 = 58,5 % aus den drei größten deutschen Firmen: Borsig (mit 1124 Lokomotiven = 41,8 % des Gesamtbestandes), Maffei und Egestorff. Der Produktionsumfang dieser und anderer Firmen stieg in den folgenden Jahren kontinuierlich an; denn nicht allein der ausgedehnte Streckenneubau in Deutschland erforderte ständig neue Triebfahrzeuge, einige dieser Firmen – darunter Borsig – waren auch beim Export in europäische und außereuropäische Staaten erfolgreich. Im Zusammenhang mit der beginnenden Expansion des deutschen Monopolkapitals spielte der Eisenbahnbau am Ende des 19. und zu Beginn des 20. Jahrhunderts gleichfalls eine wichtige Rolle. Die Beteiligung am Bau sowie an der Ausrüstung von Eisenbahnlinien bot sowohl durch deren riesigen Materialbedarf als auch durch ihren Betrieb günstige Gewinnchancen. Darüber hinaus waren die Eisenbahnen wie kaum ein zweites Unternehmen dazu geeignet, andere Staaten in wirtschaftliche und politische Abhängigkeit zu bringen. Deutsche Lokomotiven fanden sich deshalb in den späteren Jahrzehnten unter anderem in mittel- und südamerikanischen Ländern, in den ost- und südosteuropäischen Ländern, aber auch in der Türkei.

Bei den deutschen Eisenbahnen hielten bis 1870 die Borsig-Lokomotiven die Spitze. Von insgesamt 5455 normalspurigen Triebfahrzeugen kamen 1919 aus diesem Werk. Das entsprach einem Anteil von 35,2 %. In den folgenden Jahren wurden sie auf dem deutschen Markt von der Firma Henschel und Sohn in Kassel verdrängt. Auch dieses Unternehmen war sehr leistungsstark. 1890 (dem letzten Jahr, in dem die offizielle Eisenbahnstatistik darüber genaue Zahlenangaben veröffentlichte) fuhren auf den deutschen Eisenbahnstrecken immerhin 2139 Lokomotiven (entspricht 11,2 %) von insgesamt 19069 aus diesem Werk. Wie groß zum gleichen Zeitpunkt das Übergewicht der deutschen Unternehmen auf dem eigenen Markt war, zeigt die Tatsache, daß von ihnen 96,7 % aller Lokomotiven kamen.

Die Ausdehnung des Eisenbahnverkehrs hatte schon um die Mitte des 19. Jahrhunderts eine beginnende Aufgliederung im Einsatz der Triebfahrzeuge gebracht. Die ziemlich sprunghafte Zunahme des Gütertransports auf den Eisenbahnen, vor allem bei schweren Massengütern, forderte eine Verstärkung der Zugkraft, um mit einem Zuge größere Massen – wenn auch mit geringerer Geschwindigkeit – transportieren zu können. Im Unterschied dazu ging es im Personenverkehr um eine Beschleunigung.

Anfangs hatte man in allen Eisenbahnländern in der Regel sogenannte gemischte Züge gefahren, die Güter- und Personenbeförderung zusammenfaßten. Die angehängte Zuglast war meist noch nicht sehr hoch. Deshalb genügten für diese Aufgaben ungekuppelte Lokomotiven mit nur zwei Achsen, wobei die Treibachse wegen des höheren Reibungsgewichts hinten lag, so daß sich die Achsanordnung 1A ergab. Zwei Zugunglücke in England und Frankreich Anfang der vierziger Jahre, die durch den Bruch der vorderen Laufachse entstanden und erheblichen Sachschaden verursachten, aber auch Menschenleben forderten, waren jedoch Anlaß, die zweiachsigen Lokomotiven aus dem Personenverkehr zu ziehen. Die nunmehr üblichen dreiachsigen Maschinen hatten nach wie vor in den meisten Fällen nur eine in der Mitte liegende Treibachse (Achsanordnung 1A1). Auf den Flachlandstrecken in Nord- und Mitteldeutschland dominierten sie im Personen- und Schnellzugdienst bis in die sechziger Jahre; sie wurden dann von 1B-Maschinen verdrängt.

Für die anderen Einsatzgebiete mußten die Triebfahrzeuge jedoch konstruktiv weiterentwickelt werden. In zunehmendem Maße berücksichtigte man dabei die speziellen Anforderungen im Güterzugdienst, aber auch die Neigungsverhältnisse der einzelnen Strecken sowie vorhandene technische Anlagen der Bahnhöfe (beispielsweise Drehscheiben, deren Vorhandensein bzw. Fehlen, aber auch deren Größe Einfluß auf die Verwendung von Schlepptender- oder Tenderlokomotiven hatte). Nicht unberücksichtigt blieb auch die sich in Abhängigkeit von ihrer Belastung und verkehrlichen Wichtigkeit herausbildende Einteilung des Eisenbahnnetzes in Haupt- und Nebenstrecken.

Die Leistungsgrenzen der Lokomotiven aus den Anfangsjahren zeigten sich ganz prägnant, als man in gebirgige

2A-Lokomotive »Badenia«, gebaut von der Maschinenbaugesellschaft Karlsruhe 1863; von der Badischen Staatsbahn im Schnellzugdienst eingesetzt

Gegenden vorzudringen imstande war. Selbst erfahrene Lokomotivbauer kapitulierten zunächst vor den damit auftretenden Schwierigkeiten im Lokomotivbetrieb und empfahlen stationäre Maschinen mit Seilbetrieb bzw. auch den Einsatz von Pferden. Als beispielsweise auf der Strecke Vienenburg–Bad Harzburg der Braunschweigischen Bahn mit Steigungen von 1:98 und 1:46 einfach gekuppelte Lokomotiven versagten, mußte man sich zwangsläufig vorübergehend mit Pferdebetrieb behelfen. Man bestellte jedoch gleichzeitig zwei dreifach gekuppelte Lokomotiven bei Stephenson, der derartige Maschinen schon 1834 zur Überwindung größerer Steigungen bei englischen Kohlenbahnen gebaut hatte, obgleich sie sich im normalen Zugdienst damals noch nicht durchsetzten. Die erste, 1843 gelieferte Maschine bewährte sich im Betrieb sehr gut. Es war eine Longboiler-Maschine mit Namen »Crodo«, deren mittlere Treibachse Räder ohne Spurkränze hatte, um nach damaligen Auffassungen die Kurvenläufigkeit zu verbessern. Nach der Braunschweiger Bahn stellte Baden 1845 auf Gebirgsstrecken die ersten C-Lokomotiven in Dienst, Bayern folgte drei Jahre später. Zunächst waren die dreifach gekuppelten Triebfahrzeuge nur für die Steigungsstrecken im Gebirge vorgesehen, auf den Flachlandstrecken fehlten sie dagegen im Reiseverkehr noch für längere Zeit. Sie waren jedoch auch noch keine voll brauchbare Lösung für ausgesprochene Gebirgslokomotiven, die mit dem weiteren Netzausbau, besonders aber mit dem Entstehen internationaler Verbindungen über die Hochgebirge erforderlich wurden, obgleich die deutschen Lokomotivbauer Keßler und Trick mit diesen Dreikupplern für die jeweiligen Aufgabengebiete leistungsfähige Maschinen entwickelt hatten.

Den entscheidenden Impuls erhielt der Bau von Gebirgslokomotiven durch die Errichtung der Semmeringbahn, die erstmals ein Hochgebirge, die Alpen, überquerte, um Wien mit dem Hafen Triest zu verbinden. Diese Bahnverbindung war für die entstehende kapitalistische Wirtschaft Österreichs außerordentlich wichtig, erhielt doch das Binnenland Österreich auf diese Weise Anschluß an den für die gesamte Außenwirtschaft bedeutenden Seeverkehr. Bis der Beschluß zum Bau dieser Bahn gefaßt wurde, hatte man den anfallenden Verkehr über die Semmeringstraße mit Pferdefuhrwerken abgewickelt, die aber nunmehr den sprunghaft steigenden Transportanforderungen der kapitalistischen Wirtschaft nicht mehr entsprechen konnten.

Wegen der schwierigen topographischen Verhältnisse erwog die österreichische Regierung zunächst den Bau einer Seilbahn. Schließlich siegte das Projekt einer Reibungsbahn, die von 1848 bis 1854 entstand. Um geeignete Triebfahrzeuge für diese Strecke zu gewinnen, erließ die österreichische Regierung 1850 ein Preisausschreiben nach dem Vorbild von Rainhill. Bedingung für die zum Wettbewerb zugelassenen Lokomotiven war, daß sie die ungünstigste Strecke dieser Bahn (mit einer Steigung von 25‰ bei einem Kurvenradius von 190 m) mit einer Zuglast von 140 t und 21,4 km/h durchfahren mußten.

Wie 1829 erschienen 1851 vier Lokomotiven zur Preisfahrt, erbaut von Maffei, Cockerill (Lüttich) und zwei Wiener Firmen. Alle vier entsprachen den Anforderungen. Der erste Preis in Form von »20000 vollwichtigen kaiserlichen Dukaten« wurde der »Bavaria« von Maffei zuerkannt, weil sie – entsprechend den Wettbewerbsbedingungen – während der Fahrt die kleinste Holzmenge verfeuert hatte. Für den Dauerbetrieb hatte sie letztlich die gleichen Mängel wie die anderen Bewerber, so daß zwar alle vier aufgekauft, im Betrieb auf der Semmeringbahn jedoch nicht eingesetzt wurden. Die »Bavaria« wies beispielsweise einen Fehler auf, der vermeidbar gewesen wäre. Bei dieser Lokomotive wurde die Dampfleistung mit sehr langen Treibstangen auf zwei festgelagerte Achsen am hinteren Lokomotivende übertragen, die mit dem vorderen Drehgestell und dieses wiederum mit den unter sich gekuppelten Tenderachsen durch Gliederketten verbunden waren. Diese Bauart hatte schon Stephenson 1815 ohne Erfolg erprobt, und auch die Ketten der »Bavaria« waren schon nach wenigen Fahrten so abgenutzt, daß die Lokomotive ihre geringe Eignung für einen Dauerbetrieb deutlich zeigte.

Auf den Erfahrungen der vier im einzelnen technisch sehr interessanten Wettbewerbslokomotiven aufbauend, konstruierte Engerth eine dreifach gekuppelte Lokomotive

Preußische 1 B-Schnellzuglokomotive, Gattung S1 (1885)

Tender der preußischen 1B-Schnellzuglokomotive, Gattung S1 (1885)

mit relativ kleinen Raddurchmessern (1068 mm), bei der das Tendergewicht durch Kuppeln der Tenderachsen mit den Lokomotivtreibachsen zur Erhöhung der Zugkraft genutzt wurde. Die Kupplung erfolgte bei der ersten Maschine nach dem Vorbild des Zahnradgetriebes von Hedley. Bei den folgenden Maschinen wurde dieses Verfahren nicht mehr angewandt, da sich herausstellte, daß die Zugkraft der drei gekuppelten Achsen ausreichend war. Zur Erhöhung der Kurvenläufigkeit hatte Engerth außerdem Tender und Lokomotive gegeneinander um einen senkrechten Bolzen verschiebbar gestaltet.

Die 1853 gebaute Engerth-Lokomotive wird in der Lokomotivgeschichte allgemein nicht nur als brauchbare Variante einer Gebirgslokomotive betrachtet, sondern zugleich als der Beginn des Baus spezieller Güterzuglokomotiven, die wegen der erforderlichen großen Zugkraft beim Anfahren, aber auch während der Fahrt – im Einklang mit einer entsprechend hohen Dampfleistung – die Kupplung sämtlicher oder doch der meisten Achsen erforderte. Ein äußerlich sichtbares Merkmal der Güterzuglokomotiven war außerdem der wesentlich kleinere Raddurchmesser im Vergleich zu den Reisezuglokomotiven, unter denen besonders die für den beginnenden Schnellzugdienst vorgesehenen erheblich größere Raddurchmesser aufwiesen.

Hinsichtlich der Anzahl der gekuppelten Achsen ergaben sich in der zweiten Hälfte des 19. Jahrhunderts keine größeren Veränderungen. Im Personenzugverkehr genügten die zweifach gekuppelten Maschinen bis nach der Jahrhundertwende den betrieblichen Anforderungen. Sie wurden danach – allerdings noch in bescheidenem Umfang – ergänzt bzw. abgelöst durch die Dreifachkupplung. Im Güterzugdienst setzten sich die dreifach gekuppelten Lokomotiven besonders nach 1870 in raschem Tempo durch. Seit den neunziger Jahren wurden sie allmählich durch vierfach gekuppelte ergänzt. Gleichzeitig liefen erste Versuche mit fünf gekuppelten Achsen an, die bis zum Beginn des ersten Weltkrieges schon von den meisten deutschen Bahnverwaltungen eingesetzt wurden, um die sich kontinuierlich erhöhenden Transportaufgaben mit effektivem Aufwand lösen zu können.

Leistungsstärkere Lokomotiven

Die wichtigsten konstruktiven Grundlagen beim Bau von Dampflokomotiven waren etwa bis zum Ende der fünfziger Jahre des 19. Jahrhunderts geschaffen worden. Die folgenden Weiterentwicklungen konzentrierten sich auf eine Leistungssteigerung entsprechend den sprunghaft wachsenden Verkehrsanforderungen beim Gütertransport und der Personenbeförderung, aber auch auf die Verbesserung des thermischen Wirkungsgrades der Dampflokomotive.

Die ersten Lokomotiven waren als sogenannte Volldruckmaschinen gebaut worden. Bei ihnen wurde der Zylinder bis zum Ende des Kolbenhubes mit Frischdampf gefüllt und danach mit hohem Druck und auch mit hohem Wärmeinhalt ins Freie abgeblasen. Naturgemäß ergab sich dabei ein extrem niedriger Gesamtwirkungsgrad von nur etwa 2 % der erzeugten Energie. Entsprechend hoch waren der Kohlen- und Dampfverbrauch. Die Unwirtschaftlichkeit der Volldruckmaschinen lag damit klar auf der Hand. Sie wurde jedoch bei den anfangs geringen Zuggewichten und der gleichfalls relativ geringen Zugdichte in Kauf genommen. Schon bald fand man jedoch mit dem Expansionsverfahren eine mögliche Verbesserung. Bei diesen Maschinen wurde mit Hilfe feststehender Exzenter nur eine teilweise Dampffüllung durchgeführt, weil der Dampf im Zylinder expandieren sollte. Der Kolbenhub wurde mit Hilfe der Expansion beendet. Die schon erwähnte Dampfsteuerung war bei den Expansionsmaschinen von größter Bedeutung.

Die Wirtschaftlichkeit der Expansionsdampfmaschinen war offensichtlich. Während beispielsweise Stephensons

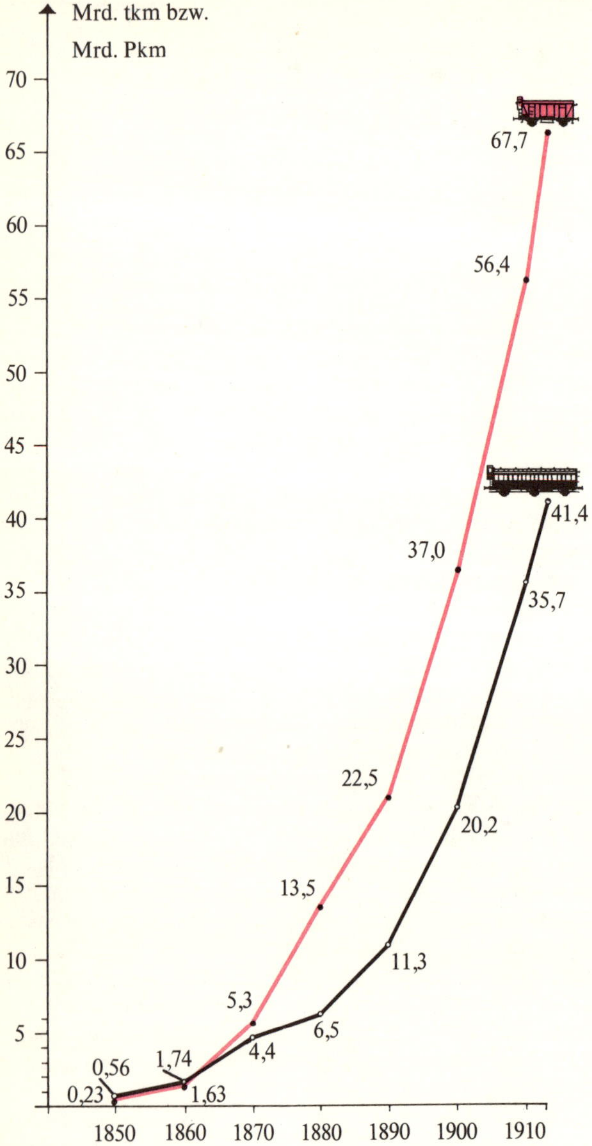
Mrd. tkm bzw.
Mrd. Pkm
70
65
60
55
50
45
40
35
30
25
20
15
10
5
67,7
56,4
37,0
22,5
13,5
5,3
41,4
35,7
20,2
11,3
6,5
4,4
1,74
0,56
0,23
1,63
1850
1860
1870
1880
1890
1900
1910

»Der Adler« 1835 einen Dampfverbrauch von 42 kg/kWh (31 kg/PSh) und einen Kohleverbrauch von 7,1 kg/kWh (5,20 kg/PSh) hatte, betrugen diese Werte bei der Expansionssteuerung schon zehn Jahre später nur noch 20 bzw. 2,7 kg/kWh (15 bzw. 1,98 kg/PSh) und 1855 bei einer 2A-Crampton-Lok nur noch 18,7 bzw. 2,4 kg/kWh (13,75 bzw. 1,77 kg/PSh).

Daneben liefen Versuche, den beträchtlichen Wärmeverlust durch den Abdampf zu vermindern. So wollte Kirchweger um 1850 eine Erhöhung der Wärmeausbeute erreichen, indem er einen Teil des Abdampfes in den Tender führte, um das Speisewasser für den Lokomotivkessel zu erwärmen. Die Lokomotiven mit der »Kirchwegerschen Kondensationsvorrichtung« – äußerlich erkenntlich an einem Schornstein auf dem Tender – brachten eine Verminderung des Kohleverbrauchs zwischen 7 und 9 %. Deshalb fand dieses Verfahren anfangs viele Anhänger. Schon bald zeigten sich jedoch Nachteile der Art, daß die Speisewasserpumpen mit dem auf 70 bis 90 Grad vorgewärmten Wasser nicht mehr zuverlässig arbeiteten. Außerdem störten die Ölrückstände, die zwangsläufig mit dem kondensierten Dampf in das Tenderwasser gelangten. Deshalb wurde diese Methode wieder aufgegeben.

Demgegenüber bewährte sich die Steigerung des Kesselüberdruckes auf mehr als das Dreifache von etwa 1830 bis nach 1870 im Hinblick auf ein Senken des Dampfverbrauchs. Einen entscheidenden qualitativen Sprung brachte die Anwendung der Verbundwirkung für Lokomotiven, die bei stationären Dampfmaschinen schon längere Zeit üblich war. Erstmalig hatte sich dieses Verfahren der deutsche Ingenieur Röntgen im Jahre 1834 patentieren lassen, ohne allerdings einen praktischen Versuch zu starten. Erst zwei Jahrzehnte später baute der Engländer Samuel eine Verbundlokomotive, über deren Erfolg jedoch nichts bekannt ist. Pläne für Verbund-

Leistungsumfang im Güter- und Personenverkehr der Eisenbahnen von 1850 bis 1913.
tkm = frachtpflichtiges oder tatsächliches Gewicht des Gutes in t, multipliziert mit der zurückgelegten bzw. Tarifentfernung in km; Pkm = Anzahl der beförderten Personen, multipliziert mit der zurückgelegten bzw. Tarifentfernung in km

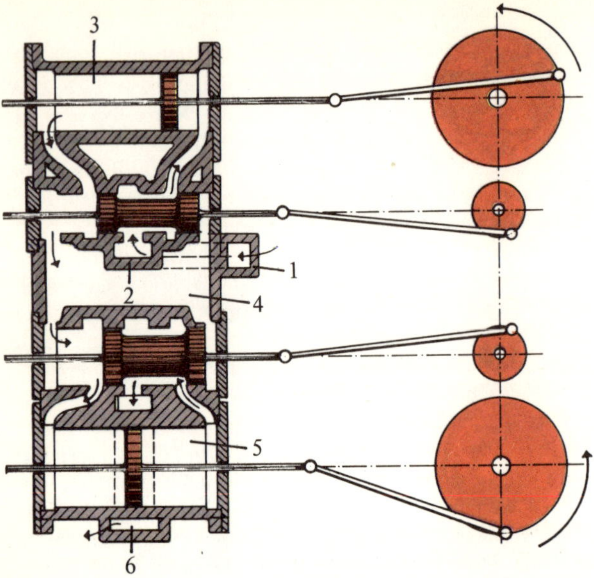

Prinzip einer Verbunddampfmaschine. 1 – Einlaßstutzen für Frischdampf; 2 – Hochdruckdampfkammer; 3 – Hochdruckzylinder; 4 – Verbinder; 5 – Niederdruckzylinder; 6 – Dampfauslaßstutzen

lokomotiven entstanden in den folgenden Jahren auch in England, Frankreich und den USA, ohne realisiert zu werden. Erst dem Schweizer Mallet gelang der Durchbruch. Er nahm 1874 ein entsprechendes Patent auf und ließ zwei Jahre später bei Schneider & Co. in Creuzot (Frankreich) drei Verbundlokomotiven für die Bayonne–Biarritz-Bahn bauen, eine kleine Nebenbahn, die keine so hohen Ansprüche an die Leistungsfähigkeit der Lokomotiven stellte wie eine stark frequentierte Hauptstrecke.

Mallets Lokomotiven hatten einen Hochdruckzylinder, in dem der Frischdampf nur zum Teil expandierte, um danach über einen Verbinder zu einem größeren Niederdruckzylinder geführt zu werden, in dem er seine restliche Arbeitsleistung abgab.

Die Verbundlokomotiven zeigten von Anfang an eine wesentlich größere Wirtschaftlichkeit, so daß Mallets Versuche sehr bald auch von ausländischen Bahnen übernommen wurden. Die hauptsächlichen Vorteile lagen darin, daß sich eine geringere innere Abkühlung des Dampfes ergab, weil sich das Temperaturgefälle im Zylinder gegenüber der einfachen Dampfdehnung etwa um die Hälfte verminderte. Außerdem wurde eine gleiche bzw. größere Dampfdehnung mit höheren Füllungsgraden erreicht, und die größten Kolbendrücke verringerten sich bei gleicher Arbeitsleistung, so daß eine Verminderung der Maschinenreibung eintrat. Schließlich ergab sich durch die Druckabstufung ein Reduzieren der Leckverluste durch Kolben und Schieber.

Diesen Vorteilen standen allerdings auch einige Nachteile gegenüber. Der wichtigste bestand darin, daß Verbundlokomotiven besondere Anfahrvorrichtungen brauchten, weil der Frischdampf immer zuerst dem Hochdruckzylinder mit seinem geringeren Durchmesser zugeführt wurde. Dadurch stand jedoch zur Ausnutzung der größten Haftreibung beim Anfahren nicht genügend Energie zur Verfügung. Mallet verwendete deshalb bei seinen Lokomotiven einen Wechselflachschieber, der beim Anfahren vom Lokführer mit der Hand so reguliert wurde, daß durch ein Ventil aus der Frischdampfleitung auch der Niederdruckzylinder mit Dampf versorgt wurde. Man konnte auf diese Weise also mit Zwillingswirkung anfahren. Während der Fahrt wurde der Schieber dann auf Verbundwirkung umgestellt.

Weitere Nachteile bestanden in der höheren Eigenmasse der Verbundlokomotiven, die durch die Niederdruckzylinder mit ihrem größeren Durchmesser, durch den Verbinder und die besondere Anfahrvorrichtung bedingt war. Außerdem ergab sich infolge des großen Zylinderrauminhaltes des Niederdruckzylinders ein höherer Laufwiderstand im Leerlauf, der besonders für schnell fahrende Lokomotiven unvorteilhaft war. Für sie wurden deshalb besondere Einrichtungen zur Verminderung der Luftpumparbeit im Leerlauf geschaffen.

Die Nachteile wurden jedoch durch die Vorzüge der Verbundlokomotiven eindeutig aufgehoben. Die möglichen Kohleeinsparungen zwischen 15 bis maximal 25 % waren bei dem erheblichen jährlichen Kohlenbedarf einer Lokomotive besonders für die Länder außerordentlich wichtig, die nur über teure Kohle verfügten. Dort setzten sie sich auch ziemlich rasch durch, während die Verbundwirkung in England und den USA mit ihren niedrigen Kohlepreisen zunächst nur wenig genutzt wurde. In den USA kam erschwerend hinzu, daß man bei den geforderten starken Zugkräften für die Lokomotiven Schwierigkeiten bei der Unterbringung der größeren Niederdruckzylinder hatte. Die Situation änderte sich allerdings, als mit einer vierzylindrigen Maschine eine bessere Lösung gefunden wurde. Danach waren die Verbundmaschinen bis zum Aufkommen der Heißdampflokomotive auch in den USA in großem Umfange in Betrieb.

Besonders gut eigneten sich die Verbundlokomotiven beim Einsatz in schnell fahrenden Zügen ohne viele Zwischenaufenthalte, weil hier die Probleme beim Anfahren nicht ausgeprägt zum Tragen kamen. Man benutzte sie deshalb bevorzugt für Schnell- und Eilzüge, während sie bei Güterzügen mit ihren vielen betrieblich notwendigen Zwischenaufenthalten zunächst praktisch überhaupt nicht verwendet wurden. Im Reisezugdienst bewährten sie sich dagegen von Anfang an sehr gut; denn sie boten gleichzeitig die Möglichkeit einer nicht unwesentlichen Leistungssteigerung, vor allem dann, wenn man zugunsten einer erhöhten Geschwindigkeit auf die Einsparung von Kohle und Dampf ganz oder teilweise verzichtete.

Zur gleichen Zeit liefen Versuche zu einer Verbesserung der Dampfsteuerung, besonders der Anfahrvorrichtungen. Dabei entstanden die unterschiedlichsten Varianten entweder nach dem automatischen Prinzip, bei dem die Maschine selbst von Zwillings- auf Verbundwirkung umstellte, oder nach dem Prinzip der Handregulierung durch den Lokführer, die allerdings viel Erfahrung im Umgang mit der Maschine voraussetzte. Mitunter fand sich auch eine Verbindung zwischen beiden Möglichkeiten. Obwohl mit diesen Anfahrvorrichtungen teilweise recht gute Erfahrungen gesammelt wurden, setzte sich letztlich der Wechselflachschieber von Mallet – allerdings in weiterentwickelter Form – durch, weil er ein schnelleres Anfahren ermöglichte.

Die mit den Verbundlokomotiven erreichten Leistungen waren in der Tat beachtlich. Als Beispiel sei eine Lokomotive der französischen Nordbahn erwähnt, die von

Preußische 3C-Güterzuglokomotive G3, nach den sogenannten Normalien (Ministerialerlaß vom 15. 3. 1875) erbaut; einige dieser Lokomotiven mit Funkenflugschutzeinrichtung

de Glehn, dem Direktor der Elsässischen Maschinenbau-Aktiengesellschaft, entwickelt worden war. De Glehn baute seine Verbundlokomotive mit vier Zylindern, die man wegen des besseren Massenausgleichs an schnell fahrenden Lokomotiven besonders schätzte, aber auch wegen der erwünschten Verringerung der Abmessungen häufig bevorzugte, wie schon das Beispiel der US-Eisenbahnen zeigte. Bei de Glehns Maschine lagen die beiden Hochdruckzylinder innerhalb und die beiden Niederdruckzylinder außerhalb des Rahmens, eine Bauart, die in der Folgezeit auch bei anderen Bahnen verwendet wurde. Bevorzugt wurden sie auf Gebirgsstrecken bzw. im schweren Zugdienst eingesetzt. In den neunziger Jahren waren beispielsweise bei der Gotthardbahn Lokomotiven der Bauart de Glehn im Einsatz, die bis zu 883 kW (1 200 PS) entwickelten. Das war immerhin das Dreißigfache der Leistung der »Adler«. Das Dienstgewicht dieser Lokomotiven betrug ohne Tender 65 t, mit Tender 102 t. Erinnern wir uns in diesem Zusammenhang, daß für den Wettbewerb in Rainhill 1829 4,5 bzw. 6 t für zwei- oder dreiachsige Lokomotiven vorgeschrieben waren, so wird der qualitative Sprung deutlich sichtbar.

Zur gleichen Zeit, als Mallet seine erste Verbundlokomotive entwickelte, begannen in Deutschland Versuche zu einer Vereinheitlichung des Lokomotivbaus. Ausschlaggebend dafür waren verschiedene Gründe. Zunächst verlangte der zunehmende Verkehr auf dem sich rasch ausdehnenden Netz nach einer größeren Einsatzbreite der Triebfahrzeuge, deren Typenvielfalt eine ökonomische Nutzung hinderte sowie deren Unterhaltung und Pflege erschwerte. Darüber hinaus hatte der Deutsch-Französische Krieg von 1870/71 die Nachteile eines uneinheitlichen Lokomotivparkes für strategische Belange eindeutig demonstriert, und schließlich förderte die in der zweiten Hälfte der siebziger Jahre beginnende Verstaatlichung der deutschen Eisenbahnen die Möglichkeiten einer technischen Vereinheitlichung.

Die größte Bedeutung erlangte sie für die preußischen Eisenbahnen, wo die zahlreichen Privatbahngesellschaften bis dahin eine sehr unterschiedliche Beschaffungspolitik betrieben hatten und wo auf Grund des Netzumfanges sowie der ökonomischen, politischen und militärischen Bedeutung der Eisenbahnen eine Veränderung des bisherigen Zustandes dringend geboten schien. Schon ein Jahr nach dem Beginn der Verstaatlichung der Eisenbahnen befuhren 1877 die ersten vereinheitlichten Personenzug- und Güterzuglokomotiven die preußischen Staatsbahnstrecken. Diese »Normallokomotiven«, vom preußischen Normenausschuß in der Folgezeit weiterentwickelt, waren für den Reisezugdienst die später so benannte P 2 und für den Güterzugdienst die G 3. In beiden Fällen handelte es sich aber um keine wesentlichen technischen Neuheiten. Man hatte vielmehr auf bewährten Erkenntnissen aufgebaut und besonderen Wert auf Betriebssicherheit gelegt. Im Hinblick auf die Leistungsfähigkeit wurden sie schon bei ihrem Erscheinen von anderen Bauarten übertroffen. Durch den geringeren Kohlenverbrauch ergaben sich im Betrieb recht wirtschaftliche Maschinen, die zudem – wie erwähnt – durch bewährte Bauelemente für das Lokomotivpersonal in der Bedienung übersichtlich waren. Beide Lokomotiven und auch die späteren, die auf der Grundlage der »preußischen Normalien« entstanden, wurden in bisher ungewohnt hohen Stückzahlen gebaut – ein erneuter Pluspunkt für ihre Wirtschaftlichkeit.

In diesem Zusammenhang sei eine Veränderung am äußeren Erscheinungsbild der Lokomotiven erwähnt. Seit den sechziger Jahren setzte sich die Verkleidung der Lokführerstände durch. Hatten Lokomotivführer und Heizer in den ersten Jahrzehnten des Eisenbahnbetriebes in den meisten Ländern ihren Dienst auf völlig offenen, nur durch ein Geländer umgebenen Plattformen verrichten müssen, so baute man später zunächst eine Stirnwand als Schutz vor dem Zugwind. Es folgten eine Überdachung und Seitenwände. Die europäischen Bahnverwaltungen hatten diese längst notwendigen Maßnahmen sehr zögernd eingeführt, weil sie die Auffassung vertraten, daß der Lokführer damit die Übersicht über die Strecke verlieren würde. Die steigenden Zuggeschwindigkeiten verlangten jedoch dringend eine Änderung im Interesse der Gesundheit des Lokomotivpersonals, das durch die Hitze des Kesselfeuers und den gleichzeitigen Fahrtwind extremen Bedingungen ausgesetzt war.

Preußische 2B1-Schnellzuglokomotive, Gattung S 9 (1907)

Tender der preußischen 2 B1-Schnellzuglokomotive

Im Unterschied zu den europäischen Verhältnissen waren die amerikanischen Lokomotiven schon seit den vierziger Jahren mit Führerständen versehen. Sie waren wegen der größeren Entfernungen, die die Züge zurücklegten, aber auch wegen der höheren Fahrgeschwindigkeiten dort weit früher erforderlich.

Einen weiteren Höhepunkt erlebte der Dampflokomotivbau im letzten Jahrzehnt des 19. Jahrhunderts, als die praktische Nutzung des Heißdampfprinzips auch für den Eisenbahnbetrieb möglich wurde. Die technischen Vorzüge des Heißdampfes waren zu diesem Zeitpunkt schon längere Zeit bekannt und durch mehr oder weniger erfolgreiche Experimente genutzt worden. Die ersten Arbeiten auf diesem Gebiet führten englische Ingenieure durch. Schon 1832 wurden Arbeiten von Howard mit einer ortsfesten Dampfmaschine bekannt, die zu einer Dampfersparnis bis zu 30% führten. Howard meldete daraufhin ein Patent zur Nutzung des Heißdampfes an. Andere englische Ingenieure folgten ihm. Rund zwei Jahrzehnte später setzte der Elsässer Physiker Hirn diese Versuche fort. Er erreichte durch Dampfüberhitzung mit einer einfachen Kondensationsmaschine 1857 einen bis zu 23% geringeren Dampfverbrauch. Hirns Arbeiten wurden sehr schnell bekannt. Häufig wird ihm in der Technikgeschichte die erstmalige Erfindung der Heißdampfmaschine zugeschrieben.

Bei der Verwendung des Heißdampfes ging man davon aus, daß der Dampf vor dem Eintritt in den Zylinder getrocknet werden mußte, um die beim Naßdampf unvermeidbare Kondensation an den kalten Zylinderwänden zu verhindern, die die Arbeitsleistung des Dampfes zwangsläufig herabsetzt. Diesen Versuchen lag die Erkenntnis zugrunde, daß eine weitere Erhitzung gesättigten Wasserdampfes bei gleichzeitiger Trennung vom Wasser einen gasförmigen Körper entstehen läßt, der alle Eigenschaften eines permanenten Gases aufweist. Der über seine Sättigungstemperatur erhitzte Dampf, der Heißdampf, hat den großen Vorteil, daß fast gleichmäßig mit der Überhitzungstemperatur sein Volumen zunimmt, während sich seine Dichte verringert. Schon bei einer Erhitzung um rund 100 °C über die Sättigungstemperatur (von 190 auf 300 °C) erhöht sich sein Volumen um 30%, so daß – gleiches Dampfgewicht vorausgesetzt – der Heißdampf theoretisch im Vergleich zum Naßdampf eine 30%ige Leistungssteigerung bringen könnte. In der Praxis ist diese Leistungssteigerung etwas geringer, weil beide Dampfarten ein unterschiedliches Dehnungsverhalten aufweisen. Der Heißdampf verliert bei seiner Dehnung im Dampfzylinder schneller an Druck als der Naßdampf, so daß die tatsächliche Leistungssteigerung etwas geringer ist als der rechnerisch ermittelte Wert. Ein weiterer Vorzug des Heißdampfes besteht in seinem schlechteren Wärmeleitvermögen, das die Abkühlungsverluste im Vergleich zum Naßdampf wesentlich verringert.

In den ersten Jahrzehnten hatte man mit Dampftemperaturen gearbeitet, die 250 °C nicht überschritten. Dafür gab es die verschiedensten Gründe: Das damals zur Schmierung verwendete organische Rüböl zersetzte sich bei höheren Temperaturen, aber auch die Schieber und Stopfbüchsen genügten den steigenden Anforderungen nicht. Erst die Verbesserungen im Maschinenbau schufen hier günstigere Voraussetzungen. In gleichem Sinne wirkten die Fortschritte der Chemieindustrie: Die Entwicklung säurefreier Mineralschmieröle Ende der achtziger Jahre gestattete eine weitere Dampfüberhitzung. Damit war der Weg für einen wirklichen qualitativen Sprung gebahnt.

Den Ausgangspunkt der weiteren Entwicklung bildete die Heißdampfmaschine, die Wilhelm Schmidt 1892 baute und die mit Dampftemperaturen von über 300 °C arbeitete. Schmidt entwickelte die Heißdampfmaschine, die auf einer langjährigen Beschäftigung mit dieser Materie basierte, in den folgenden Jahren immer weiter. Die dabei erzielten Ergebnisse ermutigten ihn, die bedeutenden wirtschaftlichen Vorteile des Heißdampfes auch für den Lokomotivbetrieb zu nutzen, wo sie noch viel stärker zum Tragen kamen; denn der Anteil der Eisenbahnen an der Nutzung der Dampfkraft lag damals in Deutschland weit höher als der der Wirtschaft. 1895 brachten z. B. die in der Wirtschaft installierten Dampfmaschinen eine Leistung von 2 Millionen kW (2,7 Millionen PS), die Dampflokomotiven der Eisenbahn dagegen 5 Millionen kW (7 Millionen PS), also rund das 2,5fache. Bei den Eigentümlichkeiten des nichtstationären Lokomotivbetriebes mußten sogar die möglichen Einsparungen an Dampf, Kohle und Wasser noch viel mehr ins Gewicht fallen als bei ortsfesten Anlagen.

Schmidt beschritt bei seinen Entwicklungsarbeiten den richtigen Weg und wurde damit erfolgreicher als andere Konstrukteure vor ihm, wie z. B. Petiet in Frankreich, der 1864 versucht hatte, eine Heißdampflokomotive zu bauen, ohne damit einen Durchbruch zu erzielen. Er bewältigte die Aufgabe nicht, die Erzeugung des Heißdampfes auf dem beschränkten Raum der Lokomotive ohne Veränderung bewährter Formen des Lokomotivbaus zu realisieren.

Schmidt entwickelte 1897 zunächst einen Rauchkammerüberhitzer, dem die Heizgase durch ein zwischen den Heizrohren eingebautes Flammrohr zugeleitet wurden. An der inneren Rauchkammerwand führte er sechzig Rohre größeren Durchmessers in Form von drei Ringen herum, die in einem abgeschlossenen Kasten untergebracht waren. In den Rohren wurde der Dampf bis auf etwa 360 °C erhitzt.

Bereits ein Jahr später ließ die Preußische Staatsbahn nach diesem Prinzip die ersten beiden Heißdampflokomotiven bauen. Es handelte sich dabei um eine Personenzuglokomotive der Gattung P 4 und eine Schnellzuglokomotive der Gattung S 3. Schon die ersten Versuchsfahrten brachten die Bestätigung für die Richtigkeit des eingeschlagenen Weges. Die beiden Heißdampflokomotiven waren hinsichtlich Leistung und Wirtschaftlichkeit den Naßdampflokomotiven eindeutig überlegen. Das Interesse an einer Nutzung des Heißdampfprinzips wurde deshalb in breitem Umfange geweckt.

Schon bald wurden weitere Lokomotiven mit den Schmidtschen Rauchkammerüberhitzern ausgerüstet, nicht nur bei den deutschen Eisenbahnen, sondern auch im Ausland. Da jedoch bestimmte technische Probleme beim Einbau der Überhitzer nicht ausgeschlossen werden konnten, ging Schmidt ab 1903 dazu über, an ihrer Stelle die günstigeren und unkomplizierteren Rauchrohrerhitzer zu verwenden. Bei dieser Lösung wurde im oberen Bereich des Langkessels ein Teil der Rauchrohre durch mehrere Reihen Rohre mit größerem Durchmesser ersetzt. In sie

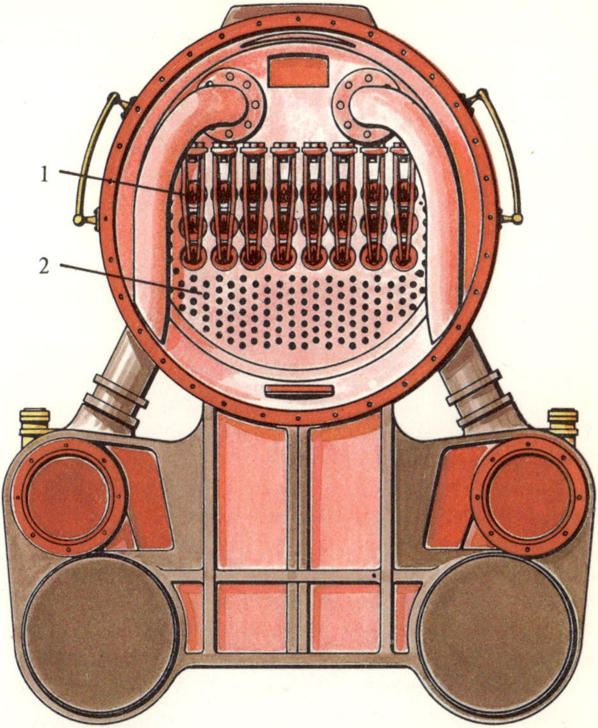

Rauchröhrenüberhitzer. 1 – Rohre mit größerem Durchmesser mit aus U-Rohren gebildeten Überhitzerelementen; 2 – Rohre normalen Durchmessers

waren Überhitzerelemente eingebaut, die aus zwei U-Rohren gebildet und durch eine Schleife in der Rauchkammer zu einem Rohrstrang zusammengeführt wurden. Der Dampf wurde in diesen nahtlosen Stahlrohren zweimal hin- und zurückgeführt und dabei überhitzt (Heißdampf).

Für den nachträglichen Einbau in Naßdampflokomotiven, aber auch für Klein- und Nebenbahnlokomotiven, entwickelte Schmidt einen sogenannten Rauchrohrüberhitzer für volle Besetzung. Hier wurden keine erweiterten Rohre benutzt, sondern vielmehr möglichst jedes Rauchrohr mit einem Überhitzer-U-Rohr versehen.

Der umfangreichere Einsatz besonders der mit Rauchrohrüberhitzern ausgestatteten Dampflokomotiven bestätigte die Erfahrungen der ersten Versuche: Sie brachten beträchtlich höhere Zugleistungen im Vergleich zu Naßdampflokomotiven gleicher Kesselgröße. Der Grund dafür lag in dem wesentlich größeren Dampfvolumen, das zur Verfügung stand, wobei zusätzlich durch die Überhitzung die Kondensation des Dampfes im Zylinder entfiel, die das Arbeitsvolumen der Naßdampflokomotiven verminderte.

Insgesamt wurden im praktischen Betrieb in ökonomischer Hinsicht sehr günstige Werte registriert, die allerdings bei den Maschinen unterschiedlicher Bauart variierten. Bei Lokomotiven mit Zwillingstriebwerk lagen sie allgemein etwas höher. Sie erreichten bei Wasser bis zu 33 % und bei Kohle bis zu 26 %, während Verbundlokomotiven auf etwa 26 % bei Wasser und 18 % bei Kohle kamen, weil der Heißdampf für die Abkühlungsverluste im Dampfzylinder weniger empfindlich war.

Der umfangreichere praktische Einsatz zeigte weiterhin, daß die möglichen Einsparungen bei erhöhten Dampftemperaturen noch stiegen, wobei sich eine Überhitzung des Dampfes auf über 400 °C – auch aus Materialgründen – als nicht zweckmäßig erwies. Allgemein sah man eine Überhitzung zwischen 300 und 350 °C als die günstigste Lösung an.

Infolge des zunehmenden Luftwiderstandes bei höheren Geschwindigkeiten verminderte sich aber die Übertragung der erzeugten Leistung auf den Zughaken. Dennoch konnte bei 100 km/h für Heißdampflokomotiven mit einer Mehrleistung von durchschnittlich 35 % gerechnet werden.

Die durchschnittlichen Kohleeinsparungen bei den preußischen Staatsbahnen in der Zeit vor dem ersten Weltkrieg erreichten immerhin den Umfang von 14 bis 18 %; außerdem konnte eine Ölersparnis von 12 bis 14 % errechnet werden. Außerordentlich günstig wirkte sich aber auch das Zurücklegen längerer Strecken ohne Wasseraufnahme aus. Dadurch entfielen einige Unterwegsaufenthalte zum Wassernehmen, die die Reisegeschwindigkeit der Züge negativ beeinflußten.

Um die Jahrhundertwende verbrauchte eine Naßdampflokomotive je Stunde etwa 7 bis 14 m^3 Wasser, abhängig vom Zuggewicht, von der Geschwindigkeit und von den Witterungsverhältnissen. (Als Faustregel galt, daß 1 kg Kohle 6 bis 8 kg Wasser verdampfte.) Da zur gleichen Zeit im Schlepptender etwa 15 bis 18 m^3 Wasser mitgeführt wurden, konnte man in der Regel nicht länger als zwei Stunden ohne neue Wasseraufnahme fahren. Die in Deutschland üblichen Wasserkräne lieferten 1 m^3/min, so daß erhebliche betriebliche Zwischenaufenthalte entstanden, die mit der Heißdampflokomotive verringert werden konnten.

Weitere Untersuchungen bewiesen schließlich noch, daß – bezogen auf die Leistungseinheit – die Reparaturkosten für Heißdampflokomotiven geringer als die der traditionellen Naßdampflokomotiven waren.

Diese recht beachtlichen Vorzüge der Heißdampflokomotiven regten auch andere Konstrukteure an, sich mit diesem Prinzip auseinanderzusetzen. Allerdings war bis zum Beginn des ersten Weltkrieges das Schmidtsche Verfahren allen weiteren Versuchen eindeutig überlegen. Deshalb entfiel der größere Teil der in aller Welt gebauten Heißdampflokomotiven auf solche, die auf diesem Patent aufbauten. Ihre Zahl betrug 1913 immerhin schon 26000; davon entfielen 6100 auf Deutschland und 7900 auf die USA. Von den in jedem Jahr neu beschafften Lokomotiven waren zum gleichen Zeitpunkt im Durchschnitt schon 90 % Heißdampflokomotiven – ein klarer Beweis für ihre Überlegenheit.

Die verbesserten Dampflokomotiven waren für die Leistungssteigerung des Eisenbahnwesens von außerordentlicher Bedeutung. Sie ermöglichten das Bilden längerer und schwererer Züge und wirkten sich damit direkt auf die betriebliche Effektivität aus. Fuhr man beispielsweise 1880 Schnellzüge im Mittel mit siebzehn Achsen, so waren es 1914 fast doppelt so viele (32). Im gleichen Zeitraum stieg die Bruttolast je Nutzkilometer von 245 auf 372 t. Auch die Nutzkilometer der Triebfahrzeuge selbst stiegen an. Betrugen sie 1880 im Durchschnitt je Lokomotive rund 19100 km im Jahr, so waren es 1914 rund 22800 km.

Beachtlich war schließlich der Zuwachs an Geschwindigkeit seit den Anfangsjahren des Eisenbahnverkehrs. Er betrug – in Abhängigkeit von den eingesetzten Lokomotiven, den Zuglasten sowie den Geländeverhältnissen – das Drei- bis Siebenfache. Erreichte die »Rocket« mit Belastung einen Durchschnitt von 22,2 km/h, so stiegen die Fahrgeschwindigkeiten bis Ende des 19. Jahrhunderts bei Schnellzügen auf 70 bis 100 km/h. Die schnellste Verbindung existierte damals, stark begünstigt durch die vorteilhaften geographischen und Betriebsbedingungen, zwischen Philadelphia und Atlantic City (USA) mit einer Reisegeschwindigkeit von 111 km/h und einer maximalen Fahrgeschwindigkeit von 130 km/h. In Europa wiesen die französischen und englischen Eisenbahnen die höchsten Geschwindigkeiten auf (80–90 km/h Reisegeschwindigkeit und bis zu rund 100 km/h maximale Fahrgeschwindigkeit). In Deutschland waren demgegenüber aus Sicherheitsgründen die maximalen Geschwindigkeiten für Schnellzüge auf 90 km/h begrenzt, für Güterzüge auf 45 bis 60 km/h; allerdings wurden sie im normalen Zugdienst selten erreicht und kaum überschritten. Der Zustand der Strecken und der Wagen bzw. auch wirtschaftliche Erwägungen erlaubten es nicht.

Die möglichen Geschwindigkeiten der Dampflokomotiven jener Zeit demonstrierte 1907 eine neuentwickelte bayrische Schnellzuglokomotive, eine 2B2-Vierzylinder-Heißdampflokomotive S 2/6 mit einem Treibraddurchmesser von 2 200 mm und hochliegendem Kessel, die die Lokomotivfabrik Maffei ein Jahr zuvor gebaut hatte. Diese Lokomotive stellte auf der Strecke München–Augsburg (62 km) mit 154,5 km/h einen Geschwindigkeitsrekord auf, der lange Zeit nicht überboten wurde.

Auch für diese Lokomotive galt jedoch das oben Gesagte. Im normalen Schnellzugdienst konnte sie ihre mögliche Leistungsgrenze nicht erreichen.

Versuche mit neuen Traktionsarten

Der Eisenbahnverkehr des 19. Jahrhunderts und bis zum ersten Weltkrieg wurde eindeutig durch die Dampflokomotive bestimmt. Das schloß jedoch nicht aus, daß man auch mit anderen Antriebsmöglichkeiten experimentierte, weil der bei diesen Lokomotiven – trotz der gestiegenen Leistung – insgesamt relativ geringe Ausnutzungsgrad der erzeugten Energie von etwa 6 bis 8 % dazu stimulierte. Allerdings kam man in der behandelten Zeit nicht über erste Anfänge hinaus, wenn sie auch, wie die elektrische Traktion, recht vielversprechend waren und sich in der Praxis bereits bewährten. Einige knappe Erläuterungen dazu sollen das Bild der »Oldtimer-Lokomotiven« ergänzen bzw. abrunden.

Der Gedanke, Eisenbahntriebfahrzeuge mit Verbrennungsmotoren zu bauen, wurde erstmalig 1878 patentrechtlich geschützt, als Conrad Krause, Direktor der Hannoverschen Maschinenbau AG Hanomag, eine »Gaskraft-Lokomotive für Straßen- und Sekundärbahnen« zum Patent anmeldete. Allerdings wurde diese Lokomotive nicht gebaut. Erst zwei Jahre später experimentierte die Hanomag mit einer durch einen Benzinmotor bewegten Lokomotive, ohne daß der 1,5-kW-(2-PS-)Motor mit einer Masse von 1200 kg brauchbare Resultate brachte.

Auch Versuche anderer Konstrukteure verliefen zunächst nicht erfolgreicher. Sie zeigten jedoch mit großer Deutlichkeit *das* kritische Problem der sogenannten thermischen Triebfahrzeuge: die Kraftübertragung, d. h. die Übertragung der Motorleistung auf die Treibräder. Dabei war zu berücksichtigen, daß einmal ein Verbrennungsmotor generell nicht unter Last angefahren werden kann und zum anderen die bei der Eisenbahn zu bewegenden Massen besonders groß sind.

Die anfänglichen Versuche mit einer mechanischen Kraftübertragung entsprachen in keiner Weise den Anforderungen. Deshalb erprobte die Gasmotorenfabrik Deutz 1895 erstmals eine elektrische Kraftübertragung. Bei ihr wurde der 9-kW-(12-PS-)Petroleummotor zum Antrieb eines Dynamos genutzt, der den erzeugten Strom einem Elektromotor zuführte. Dieser bewegte über ein Zahnradgetriebe und einen Kettenantrieb die beiden Radsätze. Diese Zahnradgetriebe mit Kupplungen, aber auch Kraftübertragungen mit Preßluft und elektrischer Energie wurden bis zum ersten Weltkrieg auch weiterhin hauptsächlich für die Motorlokomotiven eingesetzt; lediglich für höhere Leistungen ging man zum Stangenantrieb über, wobei allerdings nur wenige Maschinen mit einer Leistung von über 50 kW (rund 70 PS) gebaut wurden. Ihr Einsatzgebiet waren Gruben- und Werkbahnen, weiterhin militärische Schmalspur- und Feldbahnen; denn für den normalen Zugbetrieb auf den öffentlichen Eisenbahnstrecken waren ihre Leistung und ihre Geschwindigkeit noch viel zu gering. Hier wirkte sich das ungelöste Problem der Kraftübertragung hemmend aus.

Auch der Dieselmotor konnte sich für den Einsatz im Zugbetrieb noch nicht durchsetzen. Zwar hatte Diesel schon 1897 die mögliche Verwendung seines Motors für Eisenbahntriebfahrzeuge in Betracht gezogen, jedoch führten Versuche in verschiedenen Ländern noch zu keiner überzeugenden Lösung. Eine der wichtigsten Ursachen dafür war die viel zu große Eigenmasse der Motoren, bedingt unter anderem durch den für die Verdichtung der Luft vorgeschalteten schweren Kompressor.

Die beachtlichste Leistung im Versuchsstadium gelang bei einer Lokomotive für die preußischen Eisenbahnen, die auf Initiative und unter aktiver Beteiligung der 1906 gegründeten »Gesellschaft für Thermolokomotiven, Diesel-Klose-Sulzer GmbH« gebaut wurde, und zwar in Gemeinschaftsarbeit der Firmen Borsig, Berlin, und Sulzer, Winterthur. Die ersten Probefahrten mit der Lokomotive wurden 1912 durchgeführt; nach einigen Änderungen fuhr die Maschine 1913 von Winterthur nach Berlin. Bei den

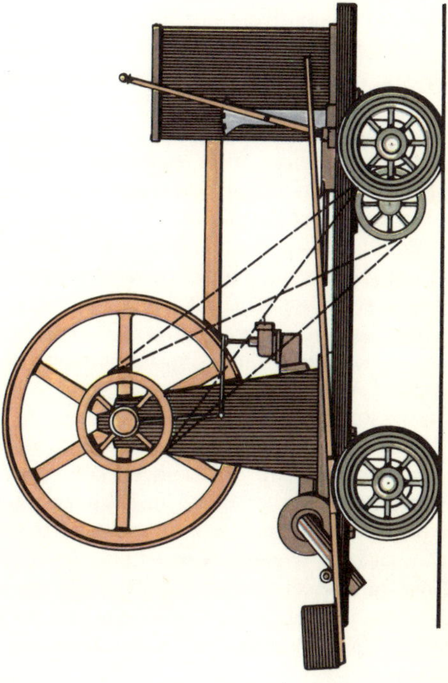

Erste Motorlokomotive (1880)

anschließenden Versuchsfahrten zog sie eine maximale Zuglast von 230 t mit einer mittleren Leistung von 212 kW (288 PS) und einer Geschwindigkeit von etwa 64 km/h. Während der Probefahrten zeigten sich jedoch zugleich erhebliche Schwierigkeiten, unter anderem wegen der noch recht ungenügenden Kühlung. Die weitere Arbeit an der Lokomotive wurde deshalb vorerst eingestellt. Ausschlaggebend für diesen Entschluß waren außerdem die wesentlich höheren Betriebskosten. Rechnete man damals bei Heißdampflokomotiven mit durchschnittlichen Kosten von 5,5 Pf/kWh (4 Pf/PSh), so bewegten sich die Brennstoffkosten der Diesellokomotive bei den Versuchsfahrten zwischen 7,8 Pf/kWh (5,7 Pf/PSh) und 10 Pf/kWh (7,3 Pf/PSh).

Beachtliche Fortschritte erreichte demgegenüber die elektrische Traktion, die sich schon vor dem ersten Weltkrieg überall dort durchsetzte, wo die Leistungsgrenzen der Dampflokomotive sichtbar wurden, wie beispielsweise bei Untergrundbahnen und Bahnen mit längeren Tunnels, weil in diesen Fällen die Rauchentwicklung ein erhebliches Problem darstellte. Aber auch beim Überwinden größerer Steigungen brachten die Dampflokomotiven noch nicht die optimale Lösung.

Die elektrische Traktion wurde wesentlich durch die Fortschritte des städtischen Nahverkehrs gefördert; denn die dort gewonnenen Erfahrungen konnten auch für den Lokomotivbau genutzt werden. Darüber hinaus bemühte sich die elektrotechnische Industrie um den Bau sowie die Verbesserung der elektrischen Lokomotiven, da sich ihr auf diesem Gebiet neue und stabile Absatzmöglichkeiten eröffneten – wenngleich die Dampflokomotive den Höhepunkt ihrer Wirksamkeit noch längst nicht erreicht hatte.

Die erste elektrische Lokomotive wurde in den USA gebaut. Sie war für die Baltimore-und-Ohio-Bahn bestimmt, die die Stadt Baltimore teils über Viadukte, teils auf Untergrundstrecken mit einer Gesamtlänge von 12 km durchquerte. Um die Rauchbelästigung zu vermeiden, wurde dieser Streckenabschnitt elektrifiziert und 1895 mit einer Gleichstromlokomotive eröffnet, die vier Achsmotoren mit einer Gesamtleistung von 794 kW (1 080 PS) hatte.

Drehstrom-Versuchslokomotive (1892)

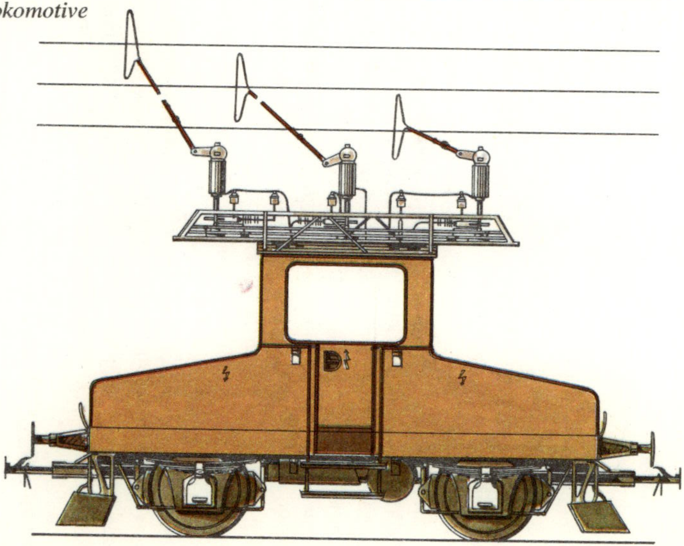

Die Lokomotive entnahm den 650-V-Gleichstrom einem festen Stahlträger in Z-Form und erreichte mit einer Zuglast von 1870 t eine Geschwindigkeit von 28,2 km/h.

Die Verwendung von Gleichstrom hat den großen Nachteil, daß man ihn nicht transformieren kann. Deshalb war die Fahrdrahtspannung begrenzt, und bei größeren Entfernungen trat ein starker Spannungsabfall ein. Aus diesen Gründen kam es schließlich zu Versuchen mit Einphasenwechselstrom und Drehstrom. Schon 1891/92 hatte die Firma Siemens auf ihrem Berliner Werksgelände eine Versuchsstrecke angelegt. 1897 folgte ihr eine weitere in Groß-Lichterfelde, auf der man schon mit Fahrdrahtspannungen von 10 kV arbeitete, die in der Maschine auf eine Motorspannung von 650 V herabgesetzt wurden.

Zwischen 1899 und 1903 folgten gemeinsame Versuche durch Siemens und die AEG, die sich zur »Studiengesellschaft für elektrische Schnellbahnen« zusammengeschlossen hatten, unter anderem auf der Militärbahn von Zossen nach Marienfelde über eine Entfernung von 28 km. Die Versuche verfolgten das Ziel, zwei elektrische Triebwagen und eine elektrische Lokomotive eingehend zu testen. Der Drehstrom mit einer Fahrdrahtspannung von 10 kV wurde aus drei seitlich angeordneten Oberleitungen entnommen und in den Maschinen auf 1000 V Motorspannung herabgesetzt. Einer der Triebwagen, die mit vier Drehstrommotoren zu je 500 kW Höchstleistung bei 45 Hz ausgestattet waren, erreichte bei Versuchsfahrten im Oktober 1903 Geschwindigkeiten von 210,2 km/h. Dieser Rekord wurde erst rund fünfzig Jahre später mit elektrischen Lokomotiven der französischen Eisenbahnen überboten.

Praktische Ergebnisse dieser Versuchsfahrten bestanden vor allem in der Klärung von Anforderungen an den Oberbau und die Stromabnahme sowie des Luftwiderstandes bei derart hohen Geschwindigkeiten.

Zur gleichen Zeit liefen Versuche, die Vorteile des Gleichstrom-Reihenmotors und des transformierbaren Drehstroms in Gestalt des Einphasenwechselstroms zu nutzen. Gleichfalls 1903 wurde für dieses Stromsystem eine erste Probestrecke von Berlin-Niederschöneweide nach Spindlersfelde in einer Länge von 4 km mit einer

Kettenfahrleitung ausgestattet, die später allgemein eingesetzt wurde. Die dabei gewonnenen Erfahrungen und die Entwicklung eines Einphasenwechselstrom-Reihenschlußmotors mit Wendepol-Parallel-Widerstand durch den Schweizer Behn-Eschenburg bewirkten, daß zunächst Stadt- und Vorortbahnen nach diesem System elektrifiziert wurden. Seit 1905 folgten jedoch auch einige süddeutsche Eisenbahnstrecken, und 1911 wurde der elektrifizierte Streckenabschnitt Bitterfeld–Dessau dem Betrieb übergeben. Bis 1914 wurde die Elektrifizierung von dieser Strecke aus bis Leipzig und Magdeburg ausgedehnt und außerdem der Abschnitt Halle–Leipzig elektrifiziert. Allein das mitteldeutsche elektrifizierte Netz umfaßte damit schon 190 km. Im Jahre 1911 begannen außerdem Elektrifizierungsarbeiten in Schlesien, wo die elektrische Traktion für schwierige Abschnitte der Riesengebirgsbahn Lauban–Königszelt (mit Steigungen bis zu 20 und 25‰ sowie engen Kurvenradien) bedeutende Vorzüge aufwies. Allerdings konnte bis 1914 nur ein Teilabschnitt eröffnet werden.

Der erste Weltkrieg unterbrach zunächst alle weiteren Arbeiten. Insgesamt waren bis 1914 in Deutschland rund 410 km Strecke auf Haupt- und Nebenbahnen elektrifiziert worden, 1915/16 kamen noch rund 52 km hinzu. Allerdings wurde nach Kriegsausbruch der elektrische Betrieb auf einem großen Teil der Strecken wieder eingestellt. Um Kupfer zu gewinnen, mußten alle Kupfervorräte der Eisenbahnen abgeliefert und sogar Fahrleitungen abgebaut werden.

In diesen Maßnahmen erschöpfte sich jedoch der hemmende Effekt des kaiserlichen Generalstabs auf den Fortschritt im deutschen Eisenbahnwesen nicht. Schon vor dem Kriege hatte die Heeresverwaltung trotz der bestehenden technischen Möglichkeiten die Elektrifizierung aller für den Aufmarsch wichtigen oder in der Nähe der Grenzen befindlichen Strecken strikt abgelehnt. Lediglich für militärisch weniger wichtige Bahnen wurde einer derartigen Maßnahme unter der Voraussetzung zugestimmt, daß der »jederzeitige Übergang zum Dampfbetrieb voll gewährleistet« sein mußte. Aus diesem Grunde wurde beispielsweise wegen einer »Beeinträchtigung der einheitlichen

Ausnutzung der Eisenbahnen, also einer Schädigung der Interessen der Landesverteidigung«, die beabsichtigte Elektrifizierung der Strecke Altona–Kiel in dem »für Mobilmachung und Aufmarsch des Heeres äußerst wichtigen Küsten- und Grenzgebiet« nicht genehmigt. Ebenso kam die Elektrifizierung der Eifelbahn Köln–Trier, die aus ökonomischen Gründen wegen des umfangreichen Koks- und Erzverkehrs, dem hohen Gewicht der Züge und den ungünstigen Neigungsverhältnissen der Strecke gefordert wurde, durch den Einspruch des Generalstabs nicht zustande, der der Elektrifizierung »einer weder durch Festungen noch durch Truppenstandorte genügend gesicherten Transportstraße des Grenzgebiets« die Zustimmung verweigerte.

Bei den nach der Jahrhundertwende eingesetzten elektrischen Lokomotiven unterschied man von Anfang an zwischen Lok für den Reisezugdienst und Lok für den Güterzugdienst. Waren die erstgenannten für Geschwindigkeiten bis zu 110 km/h ausgelegt (die allerdings aus den erwähnten Gründen nicht ausgeschöpft wurden), so die zweiten bis etwa 60 km/h. Gemeinsam war beiden Arten ein schwerer, hochgelagerter Zentralmotor, angelehnt an den Dampflokbau, der zu dieser Zeit hochgelagerte Kessel bevorzugte. Zudem forderten die preußischen Staatsbahnen eine solche Konstruktion, um die »Wartung zu erleichtern«.

Man ging bei diesen Konstruktionen von der Auffassung aus, daß die rotierenden Maschinen der elektrischen Lokomotiven nicht die Schwierigkeiten der hin- und hergehenden Massen der Dampflokomotiven bereiten und damit keine kritischen Schwingungen auftreten würden. Die Praxis zeigte die Fehlerhaftigkeit dieser Auffassungen sehr schnell; denn die Zentralmotoren mit ihren schweren Stangen bewirkten Schüttelschwingungen, die viel kritischer waren als bei einer Dampflokomotive und beispielsweise zu Stangen- und Achsbrüchen führten. Diese Probleme konnten erst durch den Bau kleinerer und schnellaufender Gleichstrom- und Wechselstrommotoren in den zwanziger Jahren überwunden werden.

Neben den Zentralmotoren verwendete man noch einen Antrieb durch Motoren, die je zur Hälfte auf der ungefederten Triebachse und am gefederten Lokomotivkasten aufgesetzt wurden. Dieses Prinzip wurde mit dem sogenannten Tatzlagermotor später vor allem für die Straßenbahnen weiterentwickelt, jedoch auch noch bei langsam laufenden Lokomotiven verwendet.

Wenn den ersten elektrischen Lokomotiven naturgemäß noch viele Kinderkrankheiten anhafteten, so bewährten sie sich doch im Prinzip recht gut, und zwar nicht allein in Deutschland, sondern auch in anderen Ländern, wie z. B. auf den hohe betriebliche Anforderungen stellenden Gebirgsstrecken der Gotthard- und Simplon-Bahn. Es war deshalb sehr nützlich, daß sich zunächst die deutschen Staatsbahnen 1912/13 in einem Übereinkommen zwischen den interessierten Verwaltungen auf den Einphasenwechselstrom, eine Fahrdrahtspannung von 15 kV und eine Nennfrequenz von $16^2/_3$ Hz einigten. Die benachbarten Staaten Österreich, die Schweiz, aber auch Schweden und Norwegen wählten die gleichen Werte. Das bot nicht allein Vorteile für einen künftigen durchgehenden Betrieb, sondern eröffnete Liefermöglichkeiten für die deutsche Monopolindustrie, die deshalb diese Vereinheitlichungsbemühungen aktiv förderte.

Außer den Lokomotiven wurden in der Zeit nach 1870 Triebwagen für die Eisenbahn gebaut, vor allem aus ökonomischen Gründen. Triebwagen fassen Triebfahrzeug und Eisenbahnwagen zusammen, sie sind nur für geringe Anhängelasten bestimmt, können aber auch ohne jede zusätzliche Anhängelast verkehren, wenn das dem vorhandenen Verkehrsbedarf besser entspricht. Aus diesen Gründen eigneten sich Triebwagen in erster Linie für schwach frequentierte Strecken mit geringem Verkehrsaufkommen bzw. als zusätzliche Beförderungsmöglichkeit zwischen Lokomotivzügen in verkehrsschwachen Zeiten, vor allem aber im Stadt- und Vorortverkehr. Neben der Einsparung von Betriebskosten boten sie den Vorteil einer hohen Anfahrbeschleunigung infolge der geringeren Zuglasten sowie im allgemeinen eine Verkürzung der Reisezeiten, weil sich diese kurzen Züge besser in den Fahrplan einpassen ließen.

Die ersten Triebwagen, die für die Eisenbahnen gebaut wurden, erfüllten verständlicherweise nur einen Teil dieser

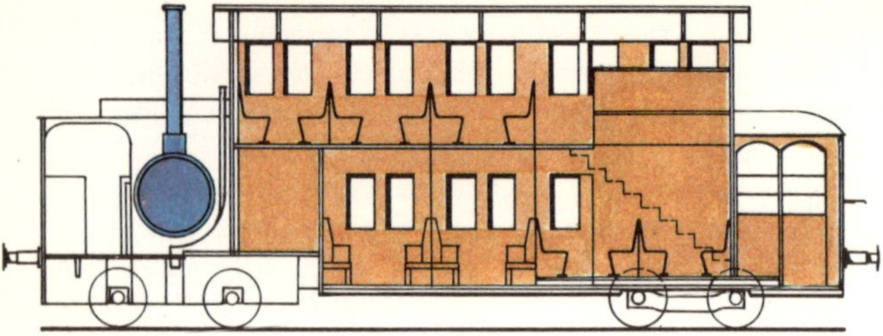

Prinzipskizze eines Dampftriebwagens (1882)

Voraussetzungen. Einige der typischen, noch heute genutzten Vorzüge zeigten sich dagegen sehr schnell.

Anfänglich experimentierte man aus naheliegenden Gründen mit Dampftriebwagen, die nach 1877 bei mehreren Bahnverwaltungen eingesetzt wurden. Sie zeigten im betrieblichen Einsatz unter den genannten Bedingungen einige Vorteile, bewiesen jedoch auch gleichzeitig, daß die Dampfmaschine auf Grund ihrer Größe sowie ihrer spezifischen Eigenschaften für die kleinen Triebwageneinheiten wenig geeignet war.

Deshalb lag der Gedanke nahe, den Verbrennungsmotor, nachdem er das Versuchsstadium überwunden hatte, für Triebwagen einzusetzen. Eine erste praktische Lösung fand Gottlieb Daimler, der bekanntlich seit Mitte der achtziger Jahre des 19. Jahrhunderts den schnellaufenden Verbrennungsmotor als Fahrzeugantrieb einsetzte. Von Anfang an war er dabei bemüht, die Vielseitigkeit seiner Erfindung zu demonstrieren und seine Eignung nicht allein für das Kraftfahrzeug, sondern auch für andere Verkehrsträger, besonders die Schiffahrt und die Eisenbahn, zu beweisen. Für die Württembergischen Staatsbahnen baute er nach mehreren Versuchsmustern vier Triebwagen mit vierzylindrigen Verbrennungsmotoren von je 22 kW (30 PS). Ab 1900 wurden sie für einige Jahre eingesetzt.

Die preußische Staatsbahnverwaltung interessierte sich für derartige Triebfahrzeuge. 1909 beschaffte sie zu Versuchszwecken einen benzolelektrischen Triebwagen, dem 1912 weitere folgten. Sie hatten Leistungen zwischen 75 und 125 kW (100 und 170 PS) und erreichten im ebenen

Gelände Geschwindigkeiten bis zu 80 km/h, mit zwei Anhängern auf geringen Steigungen noch 40 km/h.

Im Zusammenhang mit der Einführung der elektrischen Traktion entwickelte man auch elektrische Triebwagen, die jedoch vorwiegend im Stadt- und Vorortverkehr verwendet wurden. Daneben kamen auf Haupt- und Nebenstrecken Akkumulatortriebwagen zum Einsatz, angeregt durch einschlägige Versuche bei den Straßenbahnen. Allerdings waren die Bleiakkumulatoren sehr teuer, außerdem beanspruchten sie viel Platz. Hinzu kam: Sie belästigten die Reisenden durch erhebliche Säuredämpfe, da die Batterien aus Platzgründen unter den Sitzbänken aufgestellt wurden.

Nachdem die bayrischen Staatsbahnen 1887 erste Versuche durchgeführt hatten, experimentierten auch andere Staatsbahnverwaltungen mit derartigen Triebwagen. Letztlich jedoch erwies sich, daß wegen der Mängel der damals üblichen Akkumulatoren nur eine geringe Wirtschaftlichkeit erzielt werden konnte, so daß man von einer Weiterentwicklung absah.

Insgesamt läßt sich zur Triebfahrzeugentwicklung der Eisenbahnen um die Jahrhundertwende bis zum Beginn des ersten Weltkrieges feststellen, daß vor allem der Dampflokomotivbau eindrucksvolle Höhepunkte erreichte. Die Dampflokomotiven wurden so leistungsstark und wirtschaftlich, daß sie – mit einigen Einschränkungen – alle anfallenden Verkehrsaufgaben erfüllen konnten. Zur gleichen Zeit kündigte sich mit den elektrischen Lokomotiven in noch bescheidenem Rahmen der mögliche spätere Traktionswechsel an, der die Leistungsfähigkeit der Eisenbahnen positiv beeinflussen mußte. Die thermischen Triebfahrzeuge dagegen bewährten sich für die spezifischen Anforderungen des Eisenbahnbetriebes noch nicht.

Die deutschen Staatsbahnverwaltungen unterstützten diese Entwicklung, wenn auch mit unterschiedlicher Intensität, bedingt durch die Ausdehnung und die wirtschaftliche Potenz ihrer Eisenbahnnetze. Sie verfolgten dabei das Ziel, durch den Einsatz moderner Technik im Eisenbahnwesen einen Leistungsvorsprung zu erreichen, der die ökonomische und militärische Expansion des Deutschen Reiches und seiner führenden Monopole unterstützte.

Eisenbahnwagen der Anfangszeit

Mit dem Einsatz brauchbarer Lokomotiven entstand zugleich die Notwendigkeit, geeignete Schienenfahrzeuge für die Personenbeförderung und den Gütertransport zu bauen. Die auf den früheren Kohlenbahnen eingesetzten, meist roh aus Holz zusammengefügten Karren erwiesen sich für diese neuen Aufgaben als ungeeignet, mußten sie doch den höheren Geschwindigkeiten entsprechen, im Gütertransport größere Massen aufnehmen und in der Personenbeförderung völlig andersartigen Anforderungen gerecht werden. Zusammen mit dem Lokomotivbau entstand deshalb als besonderer Industriezweig der Eisenbahnwagenbau. Anfangs wurde mit handwerksmäßigen Methoden experimentiert. Gewissermaßen als Vorläufer dieser Entwicklung setzte Blenkinsop 1812 eine Postkutsche auf ein geeignetes Untergestell, in der Absicht, damit einen Personenreiseverkehr durchzuführen. Die geringen Geschwindigkeiten seiner Lokomotive waren jedoch zu wenig attraktiv, um dieser Art des Reisens Freunde zu verschaffen, konnte doch ein rüstiger Fußgänger in der gleichen Zeit die gleiche Strecke zurücklegen wie die Blenkinsopsche Zahnradbahn.

Auch die Lokomotiven Stephensons für die Stockton–Darlingtoner Bahn brachten, wie schon erwähnt, noch keinen qualitativen Wandel im Reiseverkehr. Der öffentliche Personenverkehr, der erstmalig auf dieser Bahn durchgeführt wurde, war in den ersten Jahren die Aufgabe von Pferdewagen, die – nach ihrem Äußeren zu schließen – nicht den Anspruch auf eine besonders bequeme und komfortable Reisemöglichkeit erheben konnten. Erst die gestiegene Leistungsfähigkeit der Lokomotiven, wie sie das »Rennen« von Rainhill bewies, prädestinierte sie auch als Triebfahrzeuge zur Beförderung von Reisenden.

Die ersten Personenwagen waren getreue Abbilder der damaligen Straßenfahrzeuge. Die Wagenkästen waren der Kutschenform nachgebildet, sie hatten einfache Türverschlüsse und die bei Kutschen üblichen Einstiege. Auf die besonderen Eisenbahnbelange wurden das Untergestell (bestehend aus hölzernen Lang- und Querträgern), an dem das Laufwerk, die Zug- und Stoßeinrichtungen angeschraubt waren, die Kupplung und die Bremse ausgerichtet. In der Regel setzte man drei, mitunter auch nur zwei Abteile nebeneinander auf das gemeinsame Untergestell. Auf dem Dach wurde bei einigen Eisenbahnunternehmen das Reisegepäck untergebracht, teilweise fanden dort aber auch zusätzlich Passagiere gegen geringere Bezahlung Platz. Von Anfang an wurden die Personenwagen – wie es schon bei den Postkutschen üblich gewesen war – in verschiedene Klassen unterteilt, meist in drei, in einigen Fällen aber auch in vier. Sie differierten im Einklang mit den kapitalistischen Klassenunterschieden in ihrer Ausstattung sehr stark. In der ersten Klasse hatte man vollkommen geschlossene, mit Tuch ausgeschlagene Abteile mit Glasfenstern. In jedem von ihnen fanden auf gepolsterten Sitzen sechs Reisende Platz, so daß ein derartiger Wagen zwölf bis achtzehn Reisende faßte. In der zweiten Klasse fehlten die Fenster. An ihrer Stelle waren Wettervorhänge angebracht, damit sich die Reisenden vor Staub, Regen und Funkenflug schützen konnten. Die dritte Klasse war völlig offen. Sie hatte noch nicht einmal ein Dach und teilweise auch keine Türen. Einige Eisenbahngesellschaften boten deshalb den Reisenden dieser Wagenklasse Staubmasken und Schutzbrillen für die Fahrt an.[1] Die vierte Klasse schließlich hatte noch nicht einmal die in der dritten üblichen Holzbänke. Es waren sogenannte Stehwagen, wie sie z. B. seit 1843 bei den badischen Eisenbahnen üblich waren. Die sächsischen Eisenbahnen setzten Stehwagen sogar noch in den sechziger und

[1] Seit Mitte der vierziger Jahre waren die Wagen aller Klassen im Zusammenhang mit den steigenden Geschwindigkeiten, aber auch der zunehmenden Verkehrsdichte geschlossen.

Zweiachsiger Personenwagen erster Klasse mit zwei Abteilen (1835)

Zweiachsiger Personenwagen dritter Klasse mit drei Abteilen (1835)

siebziger Jahren auf zahlreichen Linien ein, gleichfalls die preußischen und auch andere Eisenbahnverwaltungen. Bei der englischen Scarborough – Whitby-Bahn sollen unbemittelte Reisende anfangs sogar in einer Art Kiepe befördert (oder besser transportiert) worden sein, die man an die anderen Wagen anhängte. Berücksichtigt man dabei, daß die Wagen schlecht gefedert waren, einen sehr kurzen Radstand hatten und meist einen unruhigen Lauf aufwiesen, kann man sich vorstellen, daß zunächst gegenüber den Pferdekutschen kein wesentlich höherer Reisekomfort geboten wurde. Die bemittelten Eigentümer von Privatequipagen zogen es deshalb oft vor, während der Eisenbahnfahrt in ihren Kutschen sitzen zu bleiben, die man auf spezielle Plattformwagen auffuhr. Diese Art des Reisens hatte außerdem den großen Vorzug, daß man bei den anfangs weit auseinanderliegenden einzelnen Eisenbahnlinien am Ende einer Strecke sofort weiterfahren konnte, ohne auf die Postkutsche angewiesen zu sein, die nach wie vor die Verbindung zwischen den Eisenbahnstrecken herstellte.

Im Unterschied zu den Lokomotiven wurden die deutschen Eisenbahnwagen von Anfang an fast ausschließlich im eigenen Land gebaut. Für die Strecke Nürnberg–Fürth bestellte man – wie erwähnt – bei Stephenson lediglich ein Untergestell für je einen Personen- und Güterwagen als »Anschauungsmodell«. Die Aufbauten brachten Nürnberger und Fürther Handwerker (Wagner- und Sattlermeister) an. Die technischen Probleme waren hier nicht so groß wie bei den Triebfahrzeugen, zumal man im Kutschen- und Wagenbau praktisch in jedem Land über lange Erfahrungen verfügte.

Die Direktion der Leipzig–Dresdener Eisenbahngesellschaft bezog ihre ersten Wagen aus den damals bekanntesten Unternehmen Englands und Belgiens, auch einen Wagen aus der inzwischen gegründeten Wagenbauanstalt in Nürnberg. Sie sollten gleichfalls als Muster für einen eigenen Wagenbau dienen, den die Gesellschaft schon 1837 zunächst unter Leitung eines englischen Wagenbauers auf dem Bahnhofsgelände in Leipzig begann. Allerdings wurden für die ersten in Leipzig hergestellten Wagen die Untergestelle, die Räder und Achsen sowie

Equipage auf Plattformwagen

einige Kleinteile aus England importiert, da es den deutschen Eisenwerken zu jener Zeit noch nicht möglich war, die gußeisernen Räder mit Walzeisenreifen in geeigneter Qualität zu fertigen. Eine Umstellung erfolgte jedoch schon 1839, als es gelang, schmiedeeiserne Räder mit entsprechender Festigkeit in deutschen Werken zu produzieren. Die Leipzig–Dresdener Eisenbahngesellschaft erhielt übrigens 1840 die Konzession zum Wagenbau auch für andere Eisenbahngesellschaften. Sie erweiterte ihren Betrieb daraufhin sehr stark. Schon 1846 wurde der 1000. Wagen ausgeliefert.

In jenen Jahren entstanden in den anderen deutschen Ländern ebenfalls eigene Wagenbauunternehmen. Fast jede Eisenbahngesellschaft ließ deshalb ihre Wagen nach eigenen Vorstellungen herstellen. Das bedingte eine außerordentliche Vielfalt bei technischen Details, die in dem Augenblick zum unüberbrückbaren Problem wurde, als die ersten Linien verschiedener Eisenbahngesellschaften miteinander verbunden wurden. Die unterschiedliche Höhe der Zug- und Stoßeinrichtungen, aber auch der unterschiedliche Pufferabstand verhinderten meist das Durchlaufen der Wagen auf die Strecken anderer Eisenbahngesellschaften bzw. die Kupplung mit Wagen und Triebfahrzeugen anderer Gesellschaften. Man half sich zunächst dadurch, daß manche Wagen verstellbare Puffer erhielten bzw. auch mehrere Pufferpaare an jeder Stirnseite des Wagens. Der sich verstärkende Durchgangsverkehr seit den fünfziger Jahren erzwang jedoch eine immer weitergehende Vereinheitlichung bestimmter technischer Parameter, obgleich die Mannigfaltigkeit in der Ausstattung der Wagen noch sehr lange erhalten blieb. Wesentlichen Anteil daran hatte der 1847 gegründete Verein Deutscher Eisenbahnverwaltungen, der sich besonders um die technische Vereinheitlichung der deutschen Eisenbahnen bemühte.

Das Material für den Personenwagenbau war – Räder und Achsen ausgenommen – fast ausschließlich Holz. Die Wagen hatten deshalb in der Regel eine recht begrenzte Lebensdauer und erforderten einen hohen Unterhaltungsaufwand. Erst etwa ab 1860 setzten sich für die Untergestelle in größerem Umfange eiserne Langträger durch.

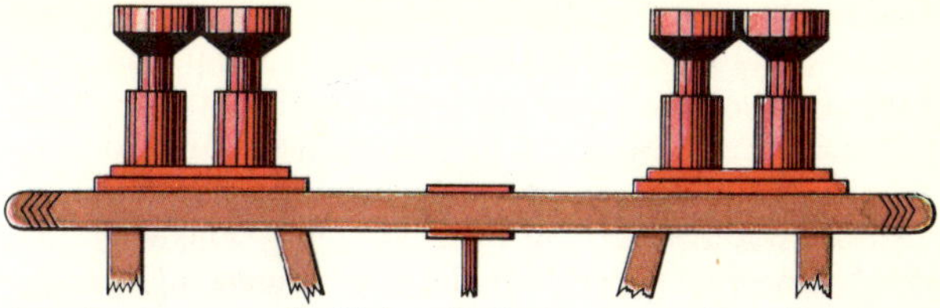

Anordnung unterschiedlicher Pufferpaare an einem Personenwagen

1868 baute die Braunschweigische Eisenbahn versuchsweise einen Personenwagen völlig aus Eisen. Wegen seiner hohen Eigenmasse und seinen dröhnenden Fahrgeräuschen konnte er sich jedoch nicht durchsetzen.

Der Reisekomfort der Personenwagen verbesserte sich in den ersten Jahrzehnten des Eisenbahnbetriebes zwar sehr langsam, aber doch stetig. Beispielsweise begann man mit der zunehmenden Reiseweite und Dichte des Verkehrs über das ganze Jahr hinweg zunächst mit der Beheizung der ersten und zweiten Wagenklasse, etwas später auch der dritten und vierten. Dazu wurden die verschiedensten Möglichkeiten genutzt. Bis 1880 waren unter anderem große Wärmflaschen in Gebrauch, die unter oder zwischen die Sitze der Abteile geschoben wurden. Sie erhielten eine Füllung von 15 bis 20 l heißem Wasser, das alle 3 bis 4 Stunden ausgewechselt werden mußte. Ähnlich aufwendig war das Heizen mit Preßkohle, die in Kästen aus Kupfer- oder Eisenblech unter den Sitzbänken verglühte. Die Kästen waren entweder von außen durch verschließbare Öffnungen oder vom Wageninneren aus zugänglich. Eine Füllung gab etwa 7 bis 8 Stunden lang Wärme ab. Allerdings mußte der Zustand der Kästen fortwährend kontrolliert werden; denn bei undichten Stellen bestand eine erhebliche Vergiftungsgefahr für die Reisenden. Besonders in den Wagen der vierten Klasse, aber auch auf Neben- und Schmalspurbahnen heizte man sehr lange mit gußeisernen Füllöfen, die je Füllung eine Brenndauer von 8 bis 10 Stunden hatten.

Später als die Heizung der Wagen wurde ihre Beleuchtung üblich. Das erklärt sich daraus, daß in den ersten Jahren die Züge während der Dunkelheit nicht verkehrten, bei der Leipzig–Dresdener Eisenbahn beispielsweise bis

1843 nicht. Mit ziemlicher Sicherheit kann festgestellt werden, daß bis 1842 auch in anderen Eisenbahnländern keine Beleuchtung üblich war. (Noch 1850 wurde in den Ständekammern Sachsens darüber Klage geführt, daß die Wagen der dritten Klasse unbeleuchtet waren.) Danach allerdings setzte sich bei Fahrten in der Dunkelheit und durch längere Tunnels »aus bahnpolizeilichen Gründen« die Abteilbeleuchtung im internationalen Maßstab durch. Die geforderte »angemessene Beleuchtung« war naturgemäß anfangs sehr unvollkommen. Als wichtigste Lichtquelle dienten zunächst – in einigen Ländern bis zum ersten Weltkrieg – Kerzen, die in handwerklich gut durchdachten Behältern im wesentlichen gefahrlos brannten, aber naturgemäß eine sehr geringe Leuchtkraft besaßen. Sie wurden später durch eine Ölbeleuchtung, in Europa meist mit Rüböl gespeist, ergänzt bzw. abgelöst. Die Öllampen waren, um eine genügende Lüftung zu sichern, in der Regel an der Decke angebracht, bei Wagen der dritten und vierten Klasse in die Zwischenwand zweier Abteile eingelassen, um Beleuchtungskosten zu sparen. Weit früher mußten dagegen so wichtige betriebliche Fragen wie das Bremsen der Wagen gelöst werden, um die Sicherheit der Reisenden zu gewährleisten. Dabei war zu berücksichtigen, daß die Lokomotiven der Anfangsjahre keine eigenen Bremsvorrichtungen hatten. Sie wurden vielmehr über den Tender mit Hilfe einer Bremskurbel abgebremst, die der Heizer bediente. In Deutschland wurden zuerst auf den sächsischen Eisenbahnen ab 1852 Dampfbremsen an den Lokomotiven erprobt, die sich schon Stephenson hatte patentieren lassen. Mit Hilfe eines kleinen, aus dem Kessel gespeisten Dampfzylinders wurden hierbei Bremsklötze an die gekuppelten Räder gepreßt. Bei späteren Bauarten drückte sich ein kleiner Schlitten gegen die Schienen. Allerdings bewährte sich die Dampfbremse wegen der raschen Kondensationsverluste nicht. Allgemein wurde es deshalb erst in den achtziger Jahren üblich, zunächst eine Lokomotivtreibachse abzubremsen.

Die Eisenbahnwagen bremste man lange Zeit wie die Pferdefuhrwerke, indem jeder Wagen mit einer von Hand bedienten Bremse ausgerüstet wurde. In manchen Zügen

Personenwagen mit hölzernem Untergestell (1851)

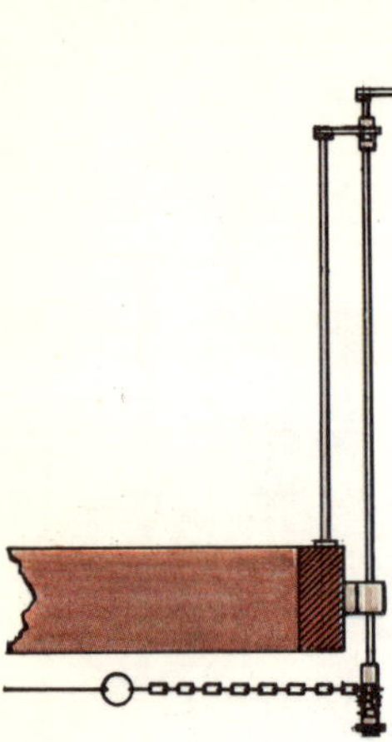

Prinzipskizze der Spindelbremsen

waren auch nur einige Wagen mit Bremsen versehen. Bei der Nürnberg–Fürther Bahn verwendete man Hebelbremsen, durch die ein hölzerner Bremsklotz an die Lauffläche eines Rades gedrückt wurde. Bei anderen Bahnen waren die gleichfalls schon bei Pferdefuhrwerken üblichen Spindelbremsen in Gebrauch. Auf den mit Bremsen ausgerüsteten Wagen wurde deshalb ein einfacher, oft erhöhter Sitz für den Bremser angebracht, der allen Witterungsunbilden ungeschützt ausgesetzt war. Erst sehr viel später wurde dieser Bremsersitz umkleidet. Die Bremsen wurden auf ein Signal des Lokführers mit der Dampfpfeife in Gang gesetzt. Es ist leicht vorstellbar, daß die unvermeidlichen Unterschiede beim Anziehen der Bremse durch mehrere Menschen zu einem recht ungleichmäßigen Bremsvorgang führten und die Gefahr des Auseinanderreißens der Züge latent gegeben war. Vor allem bei höheren Fahrgeschwindigkeiten bzw. in Gefahrensituationen war es möglich, daß ungleichmäßig gebremste Wagen sich aus der Kupplung rissen bzw. aus dem Gleis sprangen. Deshalb bemühte man sich, die Bremswirkung auf zunächst zwei, später mehrere Wagen auszudehnen. Auf diese Weise erzielte man nicht allein eine verläßlichere Bremswirkung, sondern sparte außerdem Arbeitskräfte ein. Im Interesse der Sicherheit der Reisenden führte die Leipzig–Dres-

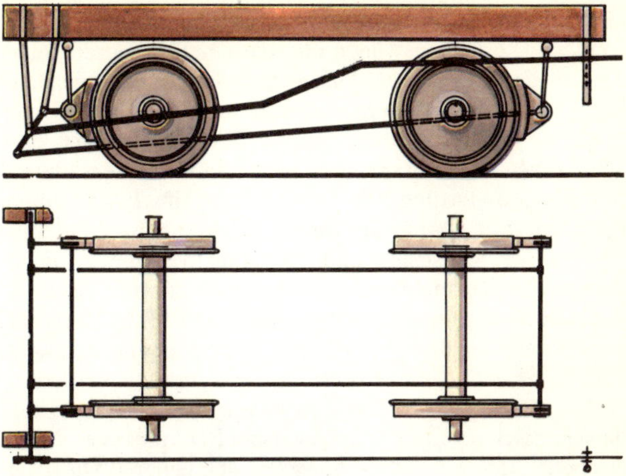

Prinzipskizze der Hebelbremsen

dener Eisenbahn von Anfang an eine sogenannte Tenderwache ein, wobei durch einen auf dem Tender stationierten Eisenbahner der Zug ständig beobachtet wurde. Er wurde später durch die Einrichtung einer Zugleine abgelöst, die über die Dächer aller Wagen bis zum Lokführer reichte und der Verständigung zwischen ihm und dem Zugpersonal diente. Derartige Zugleinen waren auf den sächsischen Eisenbahnen offenbar seit 1858 in Gebrauch, ihre allgemeine Einführung wurde 1868 genehmigt und ab 15. Oktober 1870 bei allen Zügen mit Personenbeförderung realisiert. Ab 1884 legte man die Zugleine zunächst bei den Durchgangswagen, ab 1. Januar 1886 bei allen Personenzügen an die rechte Seite in Fahrtrichtung des Zuges, so daß auch die Reisenden im Gefahrenfalle dem Lokführer ein Zeichen geben konnten; denn durch die Leine wurde beim Ziehen die Dampfpfeife auf der Lokomotive ausgelöst.

Im Vergleich zu der auch in den höheren Klassen recht spartanischen Ausstattung der Personenwagen in den europäischen Ländern wiesen die amerikanischen Wagen von Anfang an größere Bequemlichkeiten auf. Die Tatsache, daß die amerikanischen Reisenden in der Regel weit längere Strecken zurücklegten und demzufolge viele Stunden im Zug verbringen mußten, erforderte größere Bewegungsfreiheit und mehr Komfort. Die amerikanischen Eisenbahnen setzten deshalb keine Abteilwagen, sondern Durchgangswagen ein, die einen mittleren Gang und an den Stirnseiten Türen und Plattformen besaßen. Ihre innere Einrichtung war an dem Vorbild der Schiffskajüten orientiert, da die Dampfboote auf den amerikanischen Flüssen und Seen durch ihre recht komfortable Ausstattung mit Erfolg gegen die Eisenbahnen konkurrierten. Natürlich konnten die Eisenbahnen anfangs noch keine Speisesäle und Schlafkabinen bieten, doch schon 1836 führte eine Eisenbahngesellschaft in Pennsylvania Schlafwagen ein, in denen längs des Mittelgangs auf beiden Seiten je drei Schlafkojen übereinander angebracht waren, die nachts durch Vorhänge geschlossen wurden.

Die amerikanischen Durchgangswagen übernahmen von den deutschen Eisenbahngesellschaften nur die Württembergs, dessen Eisenbahnwesen sich generell stark am amerikanischen Vorbild orientierte. Die dort eingesetzten Wagen, die von der Maschinenfabrik Eßlingen gebaut und als Interkommunikationswagen bezeichnet wurden, waren jeweils in ein Großabteil der ersten und zweiten Klasse gegliedert, die miteinander durch eine Drehtür verbunden waren. Der Einstieg erfolgte wie bei den amerikanischen Wagen über eine Plattform an den Stirnseiten der Wagen. Die württembergischen Eisenbahnen bauten – dem amerikanischen Vorbild entsprechend – wesentlich längere Wagen als die übrigen deutschen Eisenbahngesellschaften, und sie statteten sie, im Unterschied zu den sonst üblichen zwei Achsen, mit Drehgestellen aus, die jeweils zwei Achsen zusammenfaßten. Dadurch konnte man die Wagen nicht allein bedeutend verlängern, sondern auch ihren Lauf ruhiger gestalten.

Die Güterwagen waren bis in die vierziger Jahre in ihrer Bauart noch einfacher gestaltet als die Personenwagen. Nach dem englischen Vorbild waren sie zweiachsig, offen und mit niedrigen Seitenwänden ausgestattet, meist ohne elastische Zug- und Stoßvorrichtungen. Der umfangreichere Güterverkehr, aber auch die steigende Transportweite zwangen jedoch bald zu Verbesserungen. Neben die offenen Wagen, deren Ladung häufig durch Decken vor Funkenflug und Witterungseinflüssen geschützt werden mußte, traten gedeckte mit einem allseitig geschlossenen

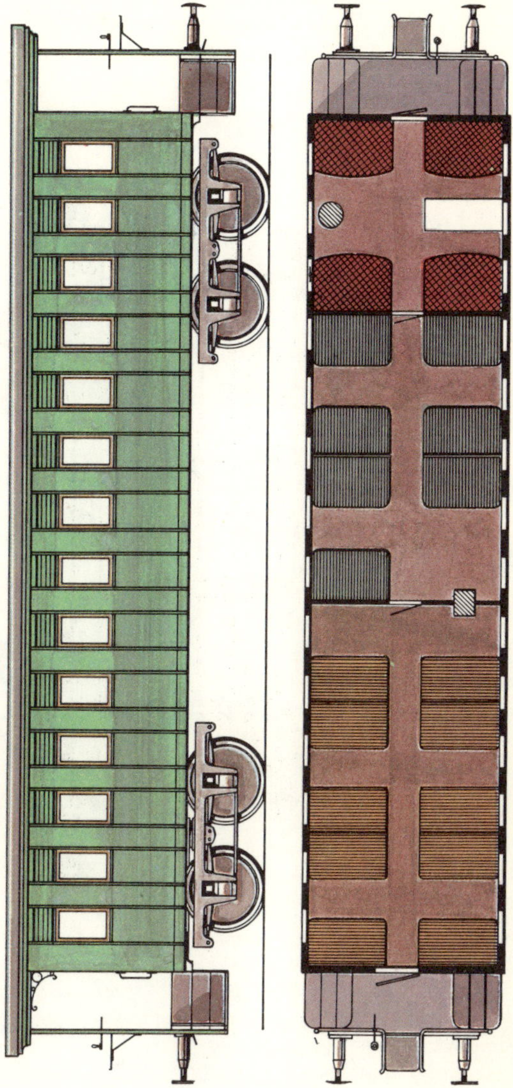

Durchgangswagen der württembergischen Eisenbahn, 1846

Offener Güterwagen der bayrischen Staatsbahn (um 1840)

Gedeckter Güterwagen (um 1850)

Wagenkasten, der durch seitliche Schiebetüren zugänglich war. In Deutschland waren die gedeckten Wagen auch ein Erfordernis der trotz des Zollvereins noch nicht voll überwundenen wirtschaftlichen Zersplitterung. Alle Waren unter Zollverschluß und empfindlichere Güter wurden in gedeckten Wagen befördert. Deren Anteil am Güterwagenpark betrug 1852 (für dieses Jahr liegen die ersten umfangreicheren statistischen Erhebungen vor) schon fast ein Drittel, nämlich 32,6 %. Dieser Anteil hielt sich in den folgenden Jahrzehnten annähernd in der gleichen Höhe, um danach wegen der stark zunehmenden Transporte an Schüttgütern, die zweckmäßiger und ökonomischer in offenen Wagen befördert wurden, wieder etwas zurückzugehen. Einen ähnlich hohen Anteil an gedeckten Wagen hatten auch andere europäische und amerikanische Eisenbahnverwaltungen – im deutlichen Unterschied zu England, das wegen seiner meist kürzeren Transportwege in weit größerem Umfange offene Güterwagen einsetzte.

Seit der Mitte des 19. Jahrhunderts gliederte sich der Güterwagenpark stärker nach speziellen Aufgabenbereichen auf. Schon früher hatte man die bereits erwähnten Equipagenwagen geschaffen, die durch spezielle Pferdetransportwagen ergänzt wurden. Zu ihnen gesellten sich nun unter anderem Zugführerwagen, die zugleich für die Beförderung von Reisegepäck genutzt wurden, Viehwagen (darunter mehrgeschossige Verschlagwagen für Geflügel und anderes Kleinvieh), spezielle Wagen zum Transport von Kohle, Koks, Kalk, Dünger, Glas, Stroh, Heu, Tonwaren. Langholz transportierte man in Drehschemelwagen. Die Drehschemel aus eisenbeschlagenem Holz oder Eisen drehten sich um einen Zapfen im Untergestell, so daß sie in Kurven beweglich waren. Meist wurden zwei entweder durch eine Kuppelstange oder auch durch die Ladung selbst miteinander verbunden. Eine besondere Kategorie bildeten Wagen zur Beförderung von Flüssigkeiten und flüssigen Chemikalien, die teilweise von den Bahnverwaltungen, teils aber auch von den Industriebetrieben angeschafft wurden. Es handelte sich dabei um Wagen mit einem gewölbten Boden, der in der Mitte Ablaufrohre hatte und in dessen Deckel sich Löcher zum Einfüllen der Flüssigkeit befanden.

Die offenen Wagen wurden mit festen und mit abnehmbaren Wänden gebaut; die ersten hatten an jeder Längsseite eine zweigeteilte Tür zum Be- und Entladen. Die gedeckten Wagen richtete man schon sehr bald mit entsprechenden Einrichtungen für militärische Transportaufgaben ein, so daß ohne großes Umrüsten für Truppenbewegungen Sitzbretter und Vorlegebäume in den Türöffnungen angebracht werden konnten, teilweise wurden schon beim Bau der Wagen Ringe zum Anbinden von Pferden befestigt.

Das bevorzugte Baumaterial für die Güterwagen war ebenfalls längere Zeit das Holz, mit Ausnahme der Achsen und Räder. Selbst beim Untergestell waren die Langträger und die Verstrebungen aus Holz. Erst Ende der fünfziger, Anfang der sechziger Jahre wurde – in unmittelbarer Abhängigkeit von den Fortschritten in der Eisenverarbeitung – das Holz mehr und mehr verdrängt. Einzelne Bahnverwaltungen setzten um 1860 bereits ganz aus Eisen gefertigte offene Kohlenwagen, aber auch gedeckte eiserne Wagen ein.

Die Tragfähigkeit der Güterwagen war anfangs recht bescheiden, sie lag unter der relativ hohen Eigenmasse und stieg nur allmählich an (die sächsischen Eisenbahnen rechneten noch Mitte der achtziger Jahre mit einem Verhältnis von 1,3 : 1).

Im Hinblick auf die Anzahl der Achsen dominierten im europäischen Güterwagenbau die zweiachsigen Wagen. Obgleich die Güterwagen – wie die Personenwagen – mit wenigen Ausnahmen in den jeweiligen Ländern gebaut wurden, wirkte das englische Vorbild auch hier sehr nachhaltig, und da von Anfang an die Verladeeinrichtungen, Drehscheiben, Schiebebühnen und ähnliche Einrichtungen auf zweiachsige Wagen eingerichtet waren, überwogen sie im späteren Verkehr. In Deutschland machten sie 1852 mit 72,8 % fast drei Viertel des Gesamtbestandes aus; 1870 lag ihr Anteil sogar bei knapp 94 %. Demgegenüber setzten die amerikanischen Eisenbahngesellschaften fast von Anfang an in überwiegendem Maße mehrachsige Güterwagen mit Drehgestellen ein.

Der deutsche Güterwagenbau zeichnete sich in seiner Frühzeit wie der Personenwagenbau durch eine außerordentliche Vielfalt aus. Das sich herausbildende Übergewicht des Güterverkehrs im Zusammenhang mit dem raschen Entfalten der kapitalistischen Produktion[1], das Ausdehnen enger wirtschaftlicher Beziehungen auf ganz Deutschland, aber auch die entstehenden Eisenbahnverbindungen mit dem Ausland zwangen zu einer Vereinheitlichung. Auch auf diesem Gebiet hat der Verein Deutscher Eisenbahnverwaltungen wichtige Arbeiten geleistet, so daß sich der Übergang der Güterwagen von einer Eisenbahnverwaltung auf die andere seit der zweiten Hälfte des 19. Jahrhunderts immer unkomplizierter gestaltete.

[1] Dieses Übergewicht spiegelte sich auch deutlich im Verhältnis zwischen dem Bestand an Güter- und Personenwagen wider. Läßt man Arbeits- und andere Wagen unberücksichtigt, so stellten die Güterwagen schon 1850 einen Anteil von 80,3 % am Gesamtbestand der Eisenbahnwagen, die Personenwagen von nur 19,7 %. 1870 waren es 89,6 bzw. 10,4 %. In den folgenden Jahrzehnten setzte sich diese Tendenz fort. Die Anteile betrugen 1913 91,1 bzw. 8,9 %.

Im Vergleich dazu hatten die sächsischen Eisenbahnen 1839 106 Personenwagen und 129 Güterwagen besessen, was einem Verhältnis von 45,1 und 54,9 % entsprach und die anfänglich stärkere Bedeutung des Personenverkehrs demonstriert.

Bequemeres Reisen

Das rasche mengenmäßige Anwachsen des Personen- und Güterverkehrs, aber auch die steigenden Ansprüche hinsichtlich der Beförderungsqualität stellten neue Aufgaben für den Bau der Eisenbahnwagen.

Die Personenwagen mußten jetzt differenzierteren Verkehrsaufgaben gerecht werden. Entsprechend ihrer Zuordnung im Betrieb unterschied man zwischen Personenwagen für die Hauptbahnen, die Nebenbahnen und die Schmalspurbahnen, außerdem nach den Zuggattungen Schnell-, Eil- und Personenzüge. Schnell- und Eilzüge waren bereits damals vorwiegend für den Fernverkehr bestimmt, Personenzüge für den Nahverkehr. Während im Fernverkehr die Züge fast nur für die Personenbeförderung bestimmt waren, setzte man im Nahverkehr auch »gemischte Züge« aus Personen- und Güterwagen ein.

Die ständigen Verbesserungen an den Reisezugwagen verfolgten das Ziel, die Wirtschaftlichkeit, die Sicherheit, das Fassungsvermögen und den Komfort für die Reisenden zu erhöhen. Gleichzeitig mußten die Wagen für höhere Geschwindigkeiten geeignet sein. Im wesentlichen lassen sich alle Weiterentwicklungen jener Zeit nach Veränderungen der Bauformen, des Laufwerks und des Untergestells, des Wagenkastens sowie der inneren Einrichtung zusammenfassen.

Für die Bauform spielte neben anderem die Anzahl der Achsen eine wichtige Rolle. Die ursprünglich vorwiegend zweiachsigen Personenwagen wurden gegen Ende des 19. und zu Beginn des 20. Jahrhunderts durch drei-, vier- und sechsachsige Wagen ergänzt, wobei jedoch die zwei- und dreiachsigen bei weitem überwogen. Allerdings wurden die leichteren Wagen mit zwei enggestellten Achsen bei den deutschen und auch anderen Eisenbahnverwaltungen in zunehmendem Maße nur noch in langsam fahrenden Personenzügen sowie auf Neben- und Schmalspurbahnen eingesetzt, weil sie auf krümmungsreichen Strecken bei höheren Geschwindigkeiten einen unruhigen Lauf zeigten. Aber auch die dreiachsigen Wagen, die bei hauptsächlicher Verlagerung des Gewichts auf die beiden äußeren Achsen bis etwa 90 km/h annähernd befriedigend liefen, wurden für Schnell- und Eilzüge allmählich durch vier- und sechsachsige Drehgestellwagen ersetzt.

Diese Situation spiegeln die Bestandszahlen der deutschen Eisenbahnen anschaulich wider. Entfielen 1880 von den insgesamt rund 5200 Normalspur-Personenwagen 57,6 % auf zweiachsige, 39,5 % auf dreiachsige und nur 2,9 % auf vierachsige Wagen, so waren es 1913 von insgesamt fast 66000 Wagen 36,6 % zweiachsige, 49,1 % dreiachsige, 13,7 % vierachsige und 0,6 % sechsachsige Wagen.

Der Bau mehrachsiger Wagen bedingte naturgemäß Veränderungen am Laufwerk und Untergestell. Man mußte den bisherigen konstruktiven Grundsatz aufgeben, wonach ein sicherer Lauf bei Personenwagen nur durch stets gleichgerichtete Achsen erreicht werden konnte. Als erste deutsche Eisenbahnverwaltung führte die preußische Anfang der achtziger Jahre Versuche mit verstellbaren Achsen durch, aber erst 1896 billigte der Verein Deutscher Eisenbahnverwaltungen die einstellbaren Achsen bei allen seinen Mitgliedsbahnen. Die Lenkachse wurde jedoch schon bald durch die bei den Lokomotiven (und in den USA auch schon sehr früh bei den Eisenbahnwagen) üblichen Drehgestelle abgelöst, die für die Personenwagen, abgestimmt auf die unterschiedlichen Bedingungen gegenüber den Triebfahrzeugen, verändert wurden. Mit der Einführung der Drehgestelle erreichte man gleichzeitig eine verbesserte Abfederung, da sie den Wagen auch seitlich ausschwingen ließen und dadurch das für den Reisenden lästige Schlingern verhinderten.

Nach der Jahrhundertwende hatten in der Regel die längeren Schnell- und Eilzugwagen zwei Drehgestelle, die

Dreiachsiger Personenwagen (1894)

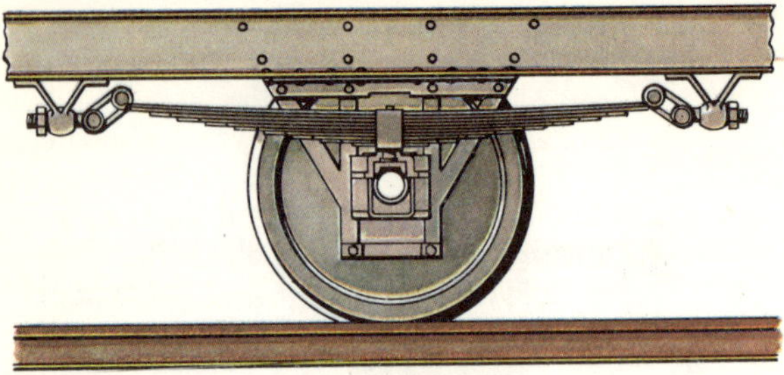

Einstellbare Lenkachse für Personenwagen

meist eine schwingend aufgehängte Wiege besaßen, auf denen der Wagenkasten ruhte. In jedem der Drehgestelle waren zwei oder drei Achsen zusammengefaßt. Die betrieblichen Erfahrungen zeigten nicht allein einen ruhigeren und geräuschloseren Lauf dieser Wagen, besonders bei höheren Geschwindigkeiten und für krümmungsreiche Strecken, sie erforderten auch eine geringere Zugkraft und waren damit ökonomisch effektiver. Die französische Nordbahn ermittelte beispielsweise durch eingehende Untersuchungen in den neunziger Jahren, daß der Widerstand eines aus Drehgestellwagen gebildeten Zuges bei Geschwindigkeiten zwischen 100 und 120 km/h bis zu 15 % niedriger war als der eines Zuges mit zwei- und dreiachsigen Wagen.

Auch beim Bau der Untergestelle der Personenwagen ergaben sich Verbesserungen. Die Untergestelle haben die Aufgabe, die Zug- und Stoßkräfte während der Fahrt aufzunehmen, den Wagenkasten zu stützen, dessen Gewicht auf die Achsen zu übertragen und die Achsen in der richtigen Lage zu halten. Gegen Ende des 19. Jahrhunderts wurde das bis dahin noch in größerem Umfange verwendete Holz für die Untergestelle durch Formeisen verdrängt, teilweise auch durch Preßbleche. Hölzerne Untergestelle baute man wegen ihrer geringeren Fahrgeräusche nur noch dort ein, wo ein besonders ruhiger Wagenlauf erreicht werden sollte. Für den größten Teil der Wagen war dagegen das Eisen ökonomisch viel effektiver und im Dauerbetrieb auch sicherer.

Der Bau der Wagenkästen wurde in der zweiten Hälfte des 19. Jahrhunderts im internationalen Rahmen an einheitliche Normen gebunden. Durch sie regelte man, in Abhängigkeit von der Spurweite, die Maße für den Radstand, das Lichtraumprofil, die zulässige Achslast, aber auch das Verhalten beim Durchfahren von Krümmungen usw. Äußerlich am auffallendsten war die Verlängerung der Wagenkästen mit dem Ziel, das Verhältnis zwischen Nutzlast und totem Gewicht günstig zu beeinflussen, aber auch, um einen größeren Achsstand und damit bei den höheren Fahrgeschwindigkeiten einen ruhigeren Lauf zu erreichen. Bis zum ersten Weltkrieg hatten beispielsweise auf Hauptbahnen Abteilwagen eine Länge bis zu rund 18 m, Durchgangswagen bis zu rund 19 m, Salonwagen, Schlaf- und Speisewagen bis zu rund 20 m.

Größeren Komfort für die Reisenden bot auch der Einbau beweglicher Fenster, die für die erste und zweite Klasse aus Spiegelglas, für die dritte und vierte Klasse dagegen aus »einfachem Fensterglas« bestanden. Besonders bei den Durchgangswagen waren die Fenster teilweise so angeordnet, daß sie in Gefahrensituationen als Notausstieg genutzt werden konnten.

Für die Lüftung der Personenwagen wurden die Fenster nicht mehr als ausreichend angesehen, zumal sie bei schneller Fahrt bzw. bei ungünstiger Witterung nicht geöffnet werden konnten. Eine günstigere Lösung wurde deshalb angestrebt. Beispielsweise brachte man im Dach oder im Oberlichtaufbau Lüftungsöffnungen an, die durch Schieber oder Klappen zu verschließen waren. Vorteile bot die künstliche Lüftung, bei der entweder nur die verbrauchte Luft abgesaugt oder gleichzeitig auch noch Frischluft zugeführt wurde. Üblich war das Absaugen der Luft durch Flügelräder, die entweder elektrisch angetrieben oder während der Fahrt durch ein auf ihrer Achse über dem Dach angeordnetes Windrad bewegt wurden. Sogar eine einfache »Klimatisierung« der Wagen fand sich in heißeren Ländern in der Art, daß die Frischluft über Eiskästen, die in den einzelnen Wagen angebracht waren, geleitet wurde.

Das Baumaterial für die äußere Schalung der Wagenkästen war meist Stahlblech, für die innere Holz. Auch hier wurde entsprechend der Klasseneinteilung gearbeitet. Während für die unteren Klassen einfaches, gefirnißtes

Holz genügte, fanden in den höheren Wagenklassen Edelhölzer Verwendung. (In diesem Zusammenhang ist zu erwähnen, daß vorwiegend die erste, teilweise die zweite Klasse mit Smyrnateppichen ausgelegt wurde, die man allerdings im Winter gegen Kokosmatten auswechselte.) Der Zwischenraum zwischen innerem und äußerem Wagenkasten wurde zum Wärmeschutz, aber auch zur Geräuschdämpfung mit Kokosfaser, Rohwolle oder Korksteinen gefüllt.

Hinsichtlich der inneren Einrichtung wurde zwischen Abteil- und Durchgangswagen unterschieden. Die Abteilwagen waren durch Querwände bzw. die Rücklehnen der Sitzbänke in einzelne, meist nicht miteinander verbundene Abteile gegliedert, die jeweils durch eigene Türen zugänglich waren. Die eingeschränkte Bewegungsfreiheit der Reisenden und Unbequemlichkeiten für das Zugpersonal waren ihre hauptsächlichen Mängel. Deshalb wurden sie im Fernverkehr immer weniger eingesetzt. Im Nahverkehr boten sie dagegen wegen der Möglichkeiten des schnelleren Ein- und Ausstiegs noch lange Zeit Vorteile. Aber auch Sicherheitsgründe waren Anlaß, sie in zunehmendem Maße vor allem aus den schnelleren Fernverkehrszügen herauszunehmen: Die vielen Türen verminderten die Stabilität des Wagenkastens bei Unfällen.

Die Durchgangswagen, die vor allem in den USA von Anfang an gebräuchlich waren, kamen in anderen Ländern erst sehr viel später auf, in Deutschland etwa ab Mitte der siebziger Jahre. Sie erhielten hier seitlich von den Abteilen einen Gang, geschlossene Ein- und Ausstiege sowie gedeckte, durch Faltenbälge miteinander verbundene Übergänge an den Stirnseiten der Wagen. Außerdem wurden sie mit Toiletten und Waschräumen ausgestattet. Im Fernverkehr setzten sich die Durchgangs- oder D-Zugwagen wegen der größeren Bequemlichkeit für Reisende und Zugpersonal sehr bald durch. Unerläßlich waren sie für solche Züge, die Speise- oder Schlafwagen mitführten.

Um 1870 hatten verschiedene Eisenbahnverwaltungen Wagen eingeführt, bei denen die Abteile erster und zweiter Klasse nachts durch Ausziehen der Sitzpolster in Schlafabteile umgewandelt werden konnten. Ab 1872/73 wurden erstmalig zweiachsige Schlafwagen in internationalen

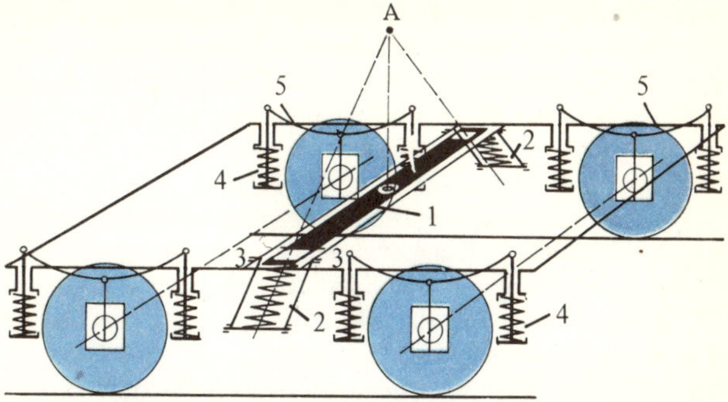

Schema eines Drehgestells für einen vierachsigen Personenwagen. 1 – sog. Wiege aus zwei Querträgern, zwischen denen sich drei senkrecht zur Längsachse des Wagens angeordnete Kutschfedern befinden; 2 – schräg gestellte Pendel an den mittleren Querverbindungen (3) des Drehgestells; dadurch wird die Seitenverschiebbarkeit gewährleistet, und die seitlichen Stöße in Krümmungen werden gemindert; 4 – Spiralfedern, die die Verbindung zum Rahmen des Drehgestells nachgiebig gestalten; 5 – Tragfeder über den Achslagern. A – Die Neigung der Pendel (2) ist so zu wählen, daß der Schnittpunkt ihrer Verlängerung A etwa 4 m über der Schienenoberkante liegt und die Schwingungen des Wagens um diesen Punkt erfolgen.

Schnellzügen erprobt. Diese Wagen hatten in der Regel drei Abteile mit je zwei unteren und zwei oberen Betten, die tagsüber zu Sitzbänken umgebaut wurden. Der Einstieg zum Wagen befand sich etwa in seiner Mitte, wo auch Waschraum und Toilette untergebracht waren. Da bei dieser Anordnung zwangsläufig zwei Abteile durch den gemeinsamen Mittelgang miteinander verbunden waren, verlegte man später den Gang seitlich und ordnete Waschraum und Toilette am Ende des Wagens an. Mit der zunehmenden Länge der Wagen und der Zahl der Reisenden, die einen Schlafwagenplatz benutzen wollten, ging man außerdem teilweise dazu über, Waschmöglichkeiten in den einzelnen Abteilen einzurichten.

Rund zehn Jahre später, 1883, führte die Internationale Eisenbahn-Schlafwagengesellschaft die ersten Speisewagen ein, um die Reisenden auf längeren Strecken bequem verpflegen zu können. Auch diese Wagen wurden ständig verbessert, wobei sich gleichzeitig die Kapazität ihrer Sitzplätze erhöhte. Anfangs war ihr Einsatz auf wenige Züge beschränkt. Nach der Jahrhundertwende stieg ihre Anzahl beträchtlich. Die Speisewagen boten die Möglichkeit, die Reisegeschwindigkeiten der Schnellzüge im Fernverkehr erheblich zu verkürzen, weil nunmehr die früher in den sogenannten Verpflegungsstationen üblichen längeren Zwischenaufenthalte entfallen konnten.

Eine besondere Kategorie der Personenwagen stellten in jenen Jahrzehnten die Saalwagen dar, die in Europa ursprünglich nur für die Hofzüge bestimmt und damit einem kleinen Personenkreis vorbehalten waren. Besonders in den USA und dem zaristischen Rußland wurde es jedoch üblich, für zahlungskräftige Reisende auf den teilweise extrem langen Eisenbahnfahrten von mehreren tausend Kilometern luxuriös ausgestattete Saalwagen (in den USA die nach ihrem Erbauer genannten Pullmannwagen) einzusetzen, die alle nur möglichen Bequemlichkeiten boten, vom Turnraum über Bade- und Massageräume bis zum Friseur, Rauchsalon u.ä.

Im Charakter ähnliche Wagen stellten einige europäische Eisenbahngesellschaften gegen entsprechend hohe Bezahlung auf Bestellung der Reisenden zur Verfügung. Diese Art der »Luxusbeförderung« war bis zum ersten Weltkrieg relativ weit verbreitet. Sie galt als Statussymbol und war ein Vorläufer des heutigen »Jet-Set« westlicher Prägung.

Schon anhand der Speise- und Schlafwagen zeigte sich der komplexe Charakter der Weiterentwicklung im Personenverkehr: Die Ausdehnung des Fernreiseverkehrs, auch des internationalen Reiseverkehrs, stimulierte derartige Verbesserungen besonders für die Reisenden der ersten und zweiten Klasse. Aber auch die allgemein zunehmende Dichte des Reiseverkehrs während des gesamten Tages und des gesamten Jahres verlangte nach weiteren Maßnahmen zur Erhöhung des Reisekomforts. Besonders mußten Heizung und Beleuchtung der Wagen verändert werden.

Neben die noch bis in die letzten Jahrzehnte des 19. Jahrhunderts üblichen erwähnten Wärmflaschen und Preßkohlekästen trat die Luftheizung, bei der aus einem Ofen unter dem Wagenkasten erhitzte Luft in das Wa-

Prinzipskizze des ersten deutschen Schlafwagens (1872)

geninnere geleitet wurde. In Deutschland war diese Art der Heizung jedoch nur als Zusatzheizung in Gebrauch. Bei Schlaf- und Speisewagen setzte man anfangs die Warmwasserheizung ein, die allerdings sehr aufwendig war, da sie für jeden Wagen einen Kessel brauchte, der die angeschlossenen Heizkörper mit Warmwasser versorgte. Als am wirtschaftlichsten – und deshalb immer mehr verwendet – erwies sich die Dampfheizung in den verschiedensten Arten. Bei ihr wurde der Heizdampf aus der Lokomotive entnommen. Bei sehr langen Zügen bzw. sehr niedrigen Außentemperaturen setzte man zusätzliche Heizkesselwagen ein. Die Dampfheizung hatte außerdem den großen Vorteil, daß die Wärmeabgabe in jedem Abteil reguliert werden konnte.

Zu den schon beschriebenen Beleuchtungsformen kamen gegen Ende des 19. Jahrhunderts noch weitere hinzu. Die damals schon bekannte Gasbeleuchung wurde erst relativ spät genutzt, weil keine befriedigende Lösung gefunden wurde, das Gas in geeigneter Weise zu komprimieren und es bei allen Erschütterungen im Fahrbetrieb unabhängig von der Füllung des Gasbehälters mit stets gleichem Druck an die Brennstellen abzugeben. Die ersten Erfolge erreichte man mit Ölgas, während das aus Steinkohle gewonnene Leuchtgas bei den Eisenbahnen weniger verbreitet war. Ab 1867 setzte sich die Ölgasbeleuchtung immer mehr durch, ab 1894 zusätzlich verbessert durch die Glühlichtlampe. Das benötigte Gas wurde meist in bahneigenen Gasanstalten erzeugt und in komprimiertem Zustand (etwa ein Zehntel des früheren Volumens) in Sammelbehälter unter den Bahngleisen geleitet. Von dort übernahm es anfangs ein großer Gasbehälter, der für jeden Zug auf einem besonderen Wagen mitgeführt wurde. Später wurde das Gas in kleinere Behälter unter jeden Wagen geleitet. Dieses Verfahren war einfacher, weil die Versorgungsleitungen nicht durch den gesamten Zug geführt werden mußten, was bei der Zugbildung einen erhöhten Arbeitsaufwand bedeutete, zugleich aber auch eine zusätzliche Unfallgefahr durch mögliche Beschädigungen während des Rangierens bzw. der Fahrt. Der Inhalt der kleineren Gasbehälter unter den Wagen reichte für etwa 30 bis 40 Brennstunden.

Eine elektrische Beleuchtung für Personenwagen wurde seit 1881 experimentell erprobt. Es entwickelten sich verschiedene Methoden entsprechend der Art der Energieerzeugung; denn die Entnahme aus der Fahrleitung war natürlich erst später bei den elektrifizierten Strecken möglich. Die elektrische Beleuchtung bot einige wesentliche Vorzüge: Sie bedeutete eine größere Helligkeit und praktisch keine Brandgefahr. Trotzdem setzte sie sich wegen der höheren Kosten nur zögernd durch. Um 1914 waren bei den deutschen Eisenbahnverwaltungen nur etwa 2000 Wagen damit ausgerüstet. Von ihnen entfielen außerdem 1600 auf Postwagen, wo die bessere Beleuchtung die Arbeitsproduktivität der die Sendungen bearbeitenden Postbeamten erhöhte.

Weit wichtiger als Heizung und Beleuchtung war für den Eisenbahnbetrieb und die Sicherheit der Reisenden die Verbesserung der Bremsen bei den Eisenbahnwagen. Sie ergab sich als dringende Notwendigkeit mit der steigenden Zuglänge und den höheren Geschwindigkeiten. Bei vielen Eisenbahnen der Welt – auch bei den deutschen – verwendete man in jenen Jahrzehnten fast ausschließlich Klotzbremsen, bei denen Bremsbacken oder -klötze an die Radumfänge gepreßt wurden, entweder durch die Muskelkraft des Menschen oder eine besondere Kraftanlage. Die schon in den ersten Jahren des Eisenbahnbetriebs eingesetzten Hand- oder Spindelbremsen waren noch nicht verdrängt, sondern in der Zwischenzeit lediglich insofern weiterentwickelt worden, als man über die Zweiwagenbremse zur Gruppenbremse übergegangen war. In den meisten Fällen mußte sie aber noch immer durch das Personal bedient werden. Vorteile brachten auch die Reibungsbremsen, von denen die deutschen Eisenbahnen die nach ihrem Konstrukteur so benannte Heberlein-Bremse anwandten. Besonders die bayrischen Staatsbahnen setzten sie längere Zeit für alle Personen- und Schnellzüge ein, während sie sich wegen ihrer begrenzten Tauglichkeit in späteren Jahren vor allem auf Nebenbahnen und Kleinbahnen für geringere Zuglängen und niedrigere Geschwindigkeiten bewährte.

Heberlein hatte das erste Patent auf seine Bremse schon 1856 erhalten, während sie erst in den siebziger Jahren in die Praxis eingeführt wurde. Er nutzte für seine Reibungsbremse die Kraft des in Bewegung befindlichen Zuges. Gegen eine auf der Radachse festsitzende Rolle wurde beim Bremsen eine andere gesenkt und dadurch schraubenförmig eine Kette aufgewickelt, die das Bremsgestänge in Bewegung setzte. Das Heben und Senken der beweglichen Rolle wurde durch eine an der Stirnseite des Fahrzeugs befestigte Hebestange bewirkt, die ihrerseits durch eine über den ganzen Zug gehende und durch Rollen geführte Leine mit einer Bremshaspel auf der Lokomotive verbunden war, die der Lokführer entweder mit der Hand oder mit Dampfkraft bewegte.

Erst die selbsttätigen durchgehenden Bremsen brachten jedoch einen wirklichen qualitativen Sprung; denn sie reagierten auch auf plötzliche Gefahrensituationen, wie z. B. Reißen der Kupplungen oder Störungen in der Bremseinrichtung. Die erste brauchbare Lösung auf diesem Gebiet fand der Amerikaner Westinghouse 1867 mit seiner nichtselbsttätigen Einkammerbremse, die er in der Folgezeit zur selbsttätigen Zweikammerbremse weiterentwikkelte. Seiner Druckluftbremse – wie auch der anderer Konstrukteure – lag folgendes Prinzip zugrunde, das sich bis heute kaum verändert hat: Die zum Bremsen notwendige Druckluft wird auf der Lokomotive durch eine von Dampf betriebene Luftpumpe erzeugt und danach einem Sammelbehälter zugeführt, der durch eine Rohrleitung mit dem Führerbremsventil verbunden ist. Bei dessen Füllstellung strömt die Druckluft in die durch den gesamten Zug führende Hauptluftleitung, wobei die Verbindung zwischen den Wagen durch lösbare Schlauchkupplungen hergestellt wird. Jeder Wagen hat einen Hilfsdruckbehälter, einen Bremszylinder und in der Hauptluftleitung ein Steuerventil, das auf den Druck der Hauptluftleitung reagiert. Durch die Füllstellung des Führerbremsventils wird der Hilfsluftbehälter mit Druckluft gefüllt und gleichzeitig der Bremszylinder mit der Außenluft verbunden; dadurch wird die Bremse gelöst.

Beim Bremsen vermindert der Lokführer mit dem Führerbremsventil den Druck in der Hauptluftleitung, wodurch sich der Steuerschieber im Steuerventil verschiebt. Die Verbindung des Bremszylinders mit der

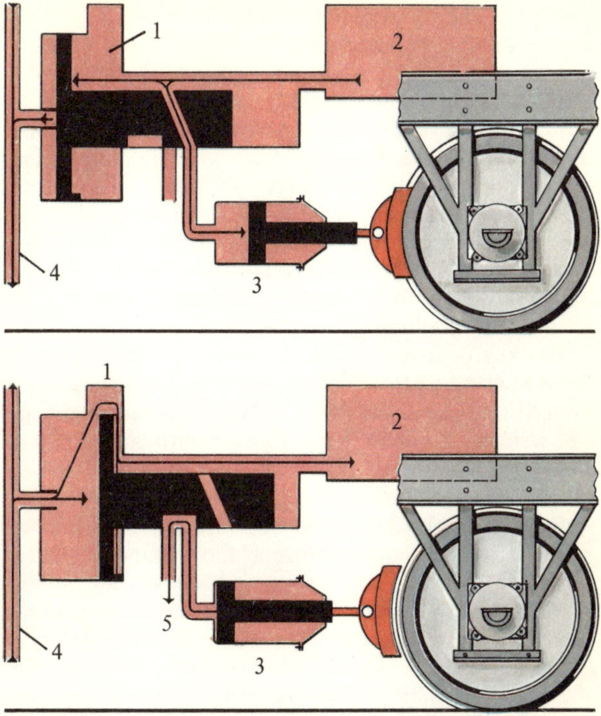

Prinzipskizzen der Brems- und Lösevorgänge bei der selbsttätigen Druckluftbremse. 1 – Steuerventil; 2 – Hilfsluftbehälter; 3 – Bremszylinder; 4 – Hauptluftleitung; 5 – Luftaustritt (ins Freie)

Außenluft wird abgesperrt und zugleich Druckluft aus dem Hilfsluftbehälter an den Bremszylinder abgegeben. Die Bremse zieht an. Die gleiche Wirkung entsteht bei Havarien im Bremssystem oder beim Ziehen der Notbremse (die in jedem Wagen angebrachten Notbremshandgriffe öffnen ein Notbremsventil, das vom Reisenden nicht wieder geschlossen werden kann).

Im Jahre 1887 – zwanzig Jahre nach dem Bau seiner ersten Druckluftbremse – verbesserte Westinghouse seine Bremse erneut mit dem Ergebnis, daß die Durchschlagsgeschwindigkeit der Druckluftbremse sprunghaft anstieg.

Man bezeichnete diese verbesserte Bremse als Schnellbremse. Sie hat besondere Vorrichtungen zum Verstärken und Beschleunigen der Bremswirkung.

Versuche mit den Schnellbremsen, die sich auch in Europa rasch verbreiteten (nach dem System Westinghouse bzw. anderen), zeigten in den neunziger Jahren, daß bei einem Zug von zwanzig Wagen bereits nach einer Sekunde die Bremsklötze bis zum letzten Wagen angelegt waren. Bei fünfzig Wagen und einer Zuglänge von 600 m dauerte dieser Vorgang nur etwas mehr als zwei Sekunden. Im Durchschnitt wurden Bremswirkungen von 150 bis 230 m/s für Druckluftbremsen ermittelt.

Die Ausrüstung der Eisenbahnwagen mit derartigen Bremssystemen wurde zuerst bei den Schnell- und Eilzügen erforderlich. Ohne diese verbesserten Bremsen wäre die weitere Erhöhung der Fahrgeschwindigkeiten unmöglich gewesen. Die größere Sicherheit im Betrieb war so überzeugend, daß in der Folgezeit immer mehr Personenwagen mit durchgehenden Bremsen ausgestattet wurden. Bei den deutschen Eisenbahnverwaltungen hatten vor dem ersten Weltkrieg fast 63 000 Wagen Bremsvorrichtungen, davon der größte Teil durchgehende Bremsen. Das entsprach – bezogen auf die Anzahl der Achsen – einem Anteil von fast 90% und war vor allem das Ergebnis einer Festlegung der Eisenbahn-Bau- und Betriebsordnung, wonach Reisezüge mit Geschwindigkeiten von über 60 km/h mit durchgehenden selbsttätigen Bremsen ausgerüstet sein mußten.

Wirtschaftlicher Gütertransport

Bei den Güterwagen herrschte – im Unterschied zu den Reisezugwagen – noch längere Zeit die Einzelbremsung vor. Auf Grund ihrer weit geringeren Geschwindigkeiten genügte bei ihnen zunächst noch die Handbremse, notfalls ergänzt durch Gegendampf der Lokomotive. Eine Erhöhung der Fahrgeschwindigkeit für Güterzüge war damals nicht erforderlich. Ihr standen außerdem ökonomische Erwägungen entgegen; denn jede größere Geschwindigkeit erforderte bei den schweren Güterzügen wesentlich höhere Zugförderungskosten und auch zusätzliche Aufwendungen für das Bedienen der Bremsen. Außerdem wurden damals bei den meisten Bahnverwaltungen die Wagen in der Regel ohnehin nur am Tage be- und entladen, so daß es unerheblich war, ob der Zug schon am Abend oder erst am nächsten Morgen sein Ziel erreichte. Zwar führten einzelne Bahnverwaltungen seit 1903 erfolgreiche Versuche mit verschiedenen Bremssystemen bei Güterzügen bis zu 200 Achsen durch, aber eine generelle Einführung der durchgehenden Güterzugbremse setzte internationale Abstimmungen voraus, da für einen großen Teil der Wagen der Übergang auf die Strecken fremder Bahnverwaltungen erforderlich war, um ein Umladen der Güter zu vermeiden. In einem solchen Falle mußten jedoch internationale Normen für Bremssysteme entwickelt werden. Aber erst nach dem ersten Weltkrieg einigte man sich darauf.

Im Unterschied zu den Personenwagen waren deshalb bei den deutschen Eisenbahnen 1913 von den Güter- und Gepäckwagen nur rund 35 % mit Bremsvorrichtungen versehen und von ihnen wiederum nur rund ein Sechstel mit durchgehender Bremse bzw. entsprechenden Leitungen.

Die geringe Ausrüstung mit der durchgehenden Bremse bedeutete jedoch kein generelles Zurückbleiben bei der Weiterentwicklung der Güterwagen. Es lassen sich im Gegenteil viele Verbesserungen feststellen, die darauf ausgerichtet waren, Vorteile für die verladende Wirtschaft zu bieten. Die Eisenbahnverwaltungen schafften Güterwagen mit höherer Tragfähigkeit an, um die rasch steigende Transportnachfrage bewältigen zu können. Sie waren weiterhin im Interesse eines schnelleren Umschlags und eines reibungslosen Betriebs an einer weitergehenden Vereinheitlichung der Bauarten, zugleich aber auch an der Spezialisierung eines Teils des Wagenparks interessiert.

Speziell in Deutschland wurde durch die Verstaatlichung der Eisenbahnen im letzten Viertel des 19. Jahrhunderts die Einheitlichkeit im Güterwagenbau gefördert. Darüber hinaus kamen jedoch auch im Interesse des steigenden internationalen Eisenbahnverkehrs wichtige Vereinbarungen mit fremden Eisenbahnverwaltungen zustande, z. B. der Berner Vertrag von 1886, der 1907 durch Vereinbarungen über die technische Einheit im Eisenbahnwesen abgelöst wurde und für die meisten europäischen Eisenbahnländer einheitliche Baunormen brachte.

Auf Grund dieser Abstimmungen wurde unter anderem fortan für die Güterwagenuntergestelle fast ausschließlich Eisen verwendet, wobei seit der Nutzung des Bessemer- und Thomasverfahrens für alle Eisenteile einschließlich der Radsätze Stahl vorgeschrieben war. Das gestattete vor allem eine höhere Tragfähigkeit der Wagen. Gleichzeitig wurden ältere Wagen mit weniger als 5 t Nutzmasse aus dem Verkehr gezogen und solche mit 5 bis 10 t Nutzmasse durch Umbau auf 10 t gebracht. Nach der Jahrhundertwende konzentrierte sich der Güterwagenbau auf Wagen mit 15 bis 20 t Nutzmasse. Dabei galten die höheren Werte für offene Wagen, während für gedeckte allgemein 15 t die Obergrenze waren. Dementsprechend stieg bei den deutschen Eisenbahnverwaltungen die durchschnittliche Tragfähigkeit der Güterwagen von 4,7 t im Jahre 1880 auf 7,1 t im Jahre 1913.

Die erhöhte Nutzmasse der Güterwagen hatte beachtliche ökonomische Vorteile. Sie verminderte die Zugförderungskosten und die Zuglänge, letzteres war besonders für die Streckenbelegung sehr wichtig. Sie reduzierte aber auch den Bedarf an Wagen sowie die Anschaffungs- und Instandhaltungskosten je Einheit. Nicht unwesentlich war außerdem ein besseres Ausnutzen der Stationsgleise. Aus diesem Grunde bemühten sich damals alle europäischen Eisenbahnverwaltungen, ihre Güterwagen möglichst kurz zu bauen. Sie verwendeten deshalb zum größten Teil nur zweiachsige Wagen, zumal die Verladeeinrichtungen, Drehscheiben, Schiebebühnen und ähnliche Einrichtungen von Anfang an auf derartige Wagen zugeschnitten waren. Für spezielle Aufgaben baute man allerdings auch drei- und vierachsige Wagen mit Nutzmassen bis zu 30 bzw. 50 t.

Die zweiachsigen Wagen hatten bei den europäischen Eisenbahnverwaltungen meist noch feste Achsen; denn diese schonten bei den notwendigen Rangierarbeiten mit Einsatz der Hemmschuhe den Wagen und die Ladung weit mehr als die Lenkachsen, die bei Achsständen von mehr als 4,5 m erforderlich waren. Bei den großen Spezialwagen dagegen mußten Drehgestelle verwendet werden.

Im Eisenbahngüterverkehr dominierten die offenen Wagen, die für alle gegen Witterungseinflüsse unempfindlichen Güter eingesetzt wurden. Sie boten für den Betrieb insofern Vorteile, als die Be- und Entladung mit Kränen oder anderen Ladehilfsmitteln erfolgen konnten, während die Güter der gedeckten Wagen mit der Karre umgeschlagen werden mußten.

Die Spezialgüterwagen zeigten – analog zu den sich immer mehr differenzierenden Beförderungsaufgaben der Eisenbahn – bereits eine erstaunliche Vielfalt. Eine große Gruppe bildeten die Kesselwagen zum Transport von Flüssigkeiten bzw. Gas. Die Kesselwagen hatten besondere Ladevorrichtungen; für Gas erfolgte z. B. das Füllen durch einen aufgesetzten Dom, das Entleeren durch ein Bodenventil. Säuren wurden durch Druckluft entladen, Spiritus durch Pumpen. Teerwagen besaßen eigene Heizvorrichtungen, um das vorgewärmte Gut schneller und leichter umschlagen zu können. Außerdem waren die Kesselwagen häufig durch Querwände unterteilt, um während der Fahrt ein zu heftiges Bewegen des Gutes zu verhindern. Darüber hinaus waren sie mit Sicherheitsventilen ausgerüstet, um sich entwickelnde Dämpfe ablassen zu können.

Für empfindlichere Massengüter setzte man sogenannte Kübelwagen ein – eine Vorform der Containerwagen. Das Gut wurde zunächst in große Kübel verladen, die ein Kran auf den Wagen hob. Plattformwagen dienten dem Transport schwerer, nicht verschiebbarer Güter, wie Schienen oder Träger, aber auch Möbelwagen und Automobile wurden mit ihnen transportiert. Für den Transport sehr hoher Lasten, die aus dem Lichtraumprofil der Eisenbahnen herausragen würden, entstanden die Tiefladewagen, bei denen die Plattform zwischen den Achsen sehr weit heruntergezogen wurde.

Schließlich wurden auch schon Selbstentladewagen für Schüttgut mit einer Seiten- oder Bodenentleerung bzw. für beide Möglichkeiten in Dienst gestellt. Sie brachten – wie die anderen Spezialwagen – erhebliche Vorteile für die verladende Industrie, aber auch für die Eisenbahnverwaltungen. Eine Berechnung zeigte, daß bei einheitlicher Verwendung derartiger Wagen für Schüttgüter die Arbeitsproduktivität beträchtlich erhöht werden konnte, während gleichzeitig die Kosten sanken. Entsprechende Kalkulationen ergaben im Bereich der deutschen Eisenbahnverwaltungen die mögliche Einsparung von 44000 Arbeitskräften und 38 Millionen Goldmark jährlich.